歪な愛の倫理

〈第三者〉は暴力関係にどう応じるべきか

小西真理子
Konishi Mariko

筑摩選書

スカイはいつものように、歓びを見つける方法を教えてくれました。

……たとえ最悪の日だったとしても、たった三〇秒にも満たないことであったとしても、スカイは何か楽しいことを発見するのです。

……だから私は、自分の歓びを探しはじめたのです。

——トルーディ・シュトイアナーゲル

歪な愛の倫理　目次

凡例

翻訳のある海外文献の引用において、著者が原著にあたり訳したものに関しては、（Herman 1992: 75）のように、（著者名のアルファベット表記 原著出版年：ページ数）の形で表記している。

海外文献の翻訳書の訳文を引用したものに関しては、（ミル 1859=2020: 30）のように、（著者名のカタカナ表記 原著出版年=参照した翻訳書の出版年：ページ数）の形で表記している。

まえがき

親密な関係に生じる暴力を問う――〈当人〉と〈第三者〉のあいだの亀裂

関心をもってくださるみなさまへ

この手紙の封が開けられ、読まれているということは、私が息子のスカイ・ウォーカーによって深刻な傷害を負わされたか、殺されてしまったということでしょう。私は心からスカイを愛していますし、スカイが故意に私を傷つけたわけではないと信じています。私は彼を助けるために、そして、この家で起きている暴力のパターンを終わらせるために最善を尽くしてきました。精一杯やってきましたが、それは十分ではなかったのだと思います。それは私のせいであり、スカイのせいではありません。多くの人が暴力のことを知っていますし、多くの人に目撃されています。私たちはみな、スカイを助けることに失敗したのです。私は、彼に責任のない行動によって、彼が罰せられることを望んでいません。

トルーディ・シュトイアナーゲル（Connors 2009）

この手紙は、自閉症の息子、スカイ・アボット・ウォーカーの暴行によって亡くなった母親、トルーディ・シュトイアナーゲルが、自らの死をも覚悟しながら生前に残したものである。スカイにたびたび暴力をふるわれていたにもかかわらず、シングルマザーだったトルーディはスカイと二人で暮らし、二〇〇九年一月二九日、自宅でスカイに殺害されてしまった。トルーディの元夫や周囲の人びとの助言を退け、トルーディは最後までスカイを施設に預けるという選択を拒否し続け、死の危険を感じるような暴力をふるう息子のもとを離れなかったのである。

この背景をもってこの手紙を読んだみなさんは、どのような感想をもたれるだろうか。この事件については第4章で再度詳細に検討するが、本書で問うのは、家族をはじめとする親密な関係に生じる暴力関係において、被害者が加害者から逃れないという事態への通説的な見解に対する再考の必要性である。

トルーディとスカイの場合は、息子から母親に対する暴力が見られたわけであるが、親密な関係に生じる暴力問題で頻繁に取り上げられるのは、夫婦ないし恋人関係、そして、親から子どもへの暴力という形の親子関係だろう。このような暴力によって、特に被害者の生命が奪われるとき、〈第三者〉に当たる人びとは、被害者をなぜ助けることができなかったのかという個人的な悔恨にさいなまれたり、力不足だったと思われる専門機関などを非難したりする。被害者に一定程度の判断能力が期待される場合は、なぜその被害者は暴力から逃れなかったのかという被害者自身の自己責任を問う議論が生じる。その被害者が子どもだった場合は、暴力を許容していた周囲の大人（多くの場合、母親）を責め立ててしまうこともある。このような悲劇をなくすためには、親密な関係に暴力が生じたとき、被害者を加害者から無理矢理にでも引き離すべきであり、それこそが救済であると、多くの人は信じている。

しかし、公的機関、支援者、専門家、友人など、〈第三者〉に当たる機関や人びとが、そのような仕方の救済をもちかけても、多くの被害者がそれを拒否するということがくり返し起こってきた。〈第三者〉はこのような被害者の態度に手を焼いてきたし、被害者と直接の関わりがない人たちもそういったことを非難したり病的なものだと見なしたりしてきた。〈第三者〉は、凝り固まった、あるいは、洗脳された被害者の考え方を解きほぐすことで、彼／彼女たちに正しい生き方を啓蒙・提供しようとしてきた。それこそが、〈当人〉のためであると信じられてきたのだ。

もちろん、このようなことが考えられてきたのは、特に被害者の生命保護の観点や、被害者の人権が軽視されてきた歴史から考えるならば、必然的なことであったとも思われる。しかし、本書では、このような流れのなかにある考え方が、〈当人〉と〈第三者〉のあいだに亀裂をもたらすこともありうるのだと主張したい。その亀裂の内実はどのようなものであるのか、そして、亀裂を埋めるためにはどのような視点が必要なのかを考えていきたいのである。

そのような目的をもって、本書は全6章で構成されている。

第1章「なぜ暴力関係から逃れないのか【通説編】——専門家らによる見解」では、親密な関係に生じる暴力から逃れない人たちが、なぜ加害者のもとを離れないとされてきたのか、その通説的な見解を紹介する。日本における政府の調査結果に加え、当該分野に関して影響力のある専門家らが、どのようにしてその問いに答えてきたのかについて概観したい。

第2章「なぜ暴力関係から逃れないのか【異端編】——語られる歪な愛」では、第1章であげられた見解が、被害者の判断力に問題がある（あるいは未熟である）と考えるものであることを指摘したうえで、このような言説によって自分たちが解釈されることに抵抗を示す人たちが訴えようとしているものについて考える。

第3章「分離とは異なる解決策——DVと修復的正義」は、パートナーと暴力関係にあり、その暴力を拒絶しながらも「離れたくない」と訴える人びとの声に応答するものである。親密な関係に暴力が生じたときに提供される支援のあり方のひとつとして、暴力を取り除く仕方で関係性の再形成・修復を目指す修復的正義のDVへの適応実践を紹介し、暴力問題における分離以外の解決策について模索する。

他方、世の中には、現時点では完全に暴力を取り除くことが困難な状況下に置かれている人もいる。第4章「暴力的な存在と社会的排除——トルーディ事件を考える」では、攻撃性をともなう自閉症の息子の母親であるトルーディが、その人生を賭けて訴えた問題を明らかにすることで、暴力的な存在、そして、そのような存在と共に生きようとしている人たちが、社会的に排除されている現実を示唆したい。

第5章「生きのびるためのアディクション——自己治療・自傷・自殺」では、日本における「生きのびるためのアディクション（＝自己治療仮説）」という思想の貢献と、ともすればその価値観によって隠されてしまう事態について検討する。そうすることで、生きのびるための依存対象を得られない人や、支援者らによってさえ拒絶されるクライアントの姿、また、「生きのびる」という価値観によって回収しきれないものについて示唆したい。

第6章「介入と治療からの自由」では、親密な関係に生じる暴力関係に〈第三者〉がいかに応じることができるのかを検討したい。ドラマ『ラスト・フレンズ』を読み解くことで、身近な他者や近年の公的支援が〈当人〉に応じる可能性と限界について論じると共に、「自傷他害」をめぐるパターナリズムについて批判的に検討することで、親密な関係に生じる暴力問題における〈当人〉と〈第三者〉の倫理について考えたい。[1]

もちろん親密な関係に生じる暴力問題の〈当事者〉には多様な人がいる。そのため、その背景や〈当事者〉たちの望みを一般化することは到底できない。現状の支援が、多くの〈当事者〉たちに救済をもたらしてきたということも重々承知している。しかし、ある「特定の個人」の声に耳を傾ければ、別の「特定の個人」にとって救済となった支援が、逆効果をもたらすということがわかってくるだろう。私が着目するのは、そういう事態である。

〈当事者〉という言葉は、「暴力問題の〈当事者〉」というように、何らかの問題系こそが前提となっている言葉である。本書では、問題系一般を論じるのではなく、その問題系のなかに生きる人たち、なかでも、ふるいにかけられるような声を発する「特定の個人」を起点とするような議論を展開したい。したがって、〈当事者〉一般に着目しているわけではないという点を強調するために、〈当事者〉という言葉ではなく、特定の個人性をより担保した表現だと思われる〈当人〉という言葉を採用して、議論を進めていきたい。

また、本書での〈当人〉とは、一般に暴力の「被害者」と名指される人たちのことである。もちろん、「被害者」のあり方を問うときには、同時に「加害者」の存在が現れてくるが、本書では「被害者」とされる人たちを中心にすえることで見えてくるものを明らかにしたい。さらに、本書で紹介するＤＶ問題のほとんどが、「被害者」が女性、「加害者」が男性という図式である。その理由のひとつは、本書が現在の通説に新たな角度から切り込むにあたって、「被害者―加害者関係」に関しては、より典型的なものを提示するほうが好ましいと考えられるからである。

本書では、〈当人〉が救済を外部に求めているような状態が前提となっていることも記しておきたい。本書の議論には、私自身が他者に語りかけられた経験や、自分自身が他者に語りかけたいと思った経験が大きく影響している。しかし、〈当人〉には、外部からの一切の働きかけを拒否したいという状態のときもある。さらに、〈当人〉が誰かに助けを求めたいと思っていたとしても、それがどのような人でもいいというわけではない。だからこそ、助けを求めたいと思っている人がいるとするならば、その人が語りかけをはじめられる状況の提供がいかにして可能になるのかという視点も本書には内在している。

暴力関係から逃れない人たちには理由がある。その理由を、用意された通説に絡め取られるのではなく、〈当人〉の語りから聴きはじめることによってこそ導き出されるような、〈当人〉に対する〈第三者〉の応答可能性を、本書は問うているのである。

註

1 倫理（ethic）の語源はギリシア語のエートス（ethos）であるが、エートスには、住み慣れた地、習慣、性格、気質、風習、人柄など幅広い意味がある。エートスとは、人がいかに生きているかが問われる地点、どのような人であるのかが問われる地点、「われわれのあり方、生き方が問われる地点」（田中 1994: 37）でもある。本書での「倫理」とはこの系譜に位置づくものであり、人間の生き方や生き様を意味している。倫理とは「人びとの語り、人びとの人生の軌跡に依拠」した「道徳的に割り切って判断できない状況にかかわっている」ものであり、「最大限多くの可能な事柄を原則の内部に位置づけ」たり、「風習や行動の不安定性を乗り越え、個々の風習の限界を超越する規範を確定」したりする道徳（moral）とは異なるものに分類しうる（ブルジェール 2011=2014: 44-45）。なお、以上の説明は、（小西 2023）でまとめた内容を引用したものである。

第1章

なぜ暴力関係から逃れないのか【通説編】——専門家らによる見解

1　加害者から離れたがらない被害者たち

1－1　DV加害者から離れない被害者たち

DV問題において〈第三者〉を驚かせ、手を焼かせてきたこととして、被害者が加害者のもとから離れないケースが非常に多いことがあげられるだろう。

二〇二一年三月に公表された内閣府男女共同参画局による「男女間における暴力に関する調査報告書」によれば、これまでに配偶者から何らかの被害を受けたことのある人（五八二人：女性三六三人、男性二一九人）のうち、相手と別れた人が一五・五パーセント（女性一六・三パーセント、男性一四・二パーセント）、別れたい（別れよう）と思ったが、別れなかった人が三六・四パーセント（女性四四・一パーセント、男性二三・七パーセント）、別れたい（別れよう）とは思わなかった人が三二・〇パーセント（女性二六・七パーセント、男性四〇・六パーセント）（残りは無回答）であり、配偶者から被害を受けたとき別れる人の方が少数派であることがわかる**【図1】**（内閣府男女共同参画局 2021a: 36）。

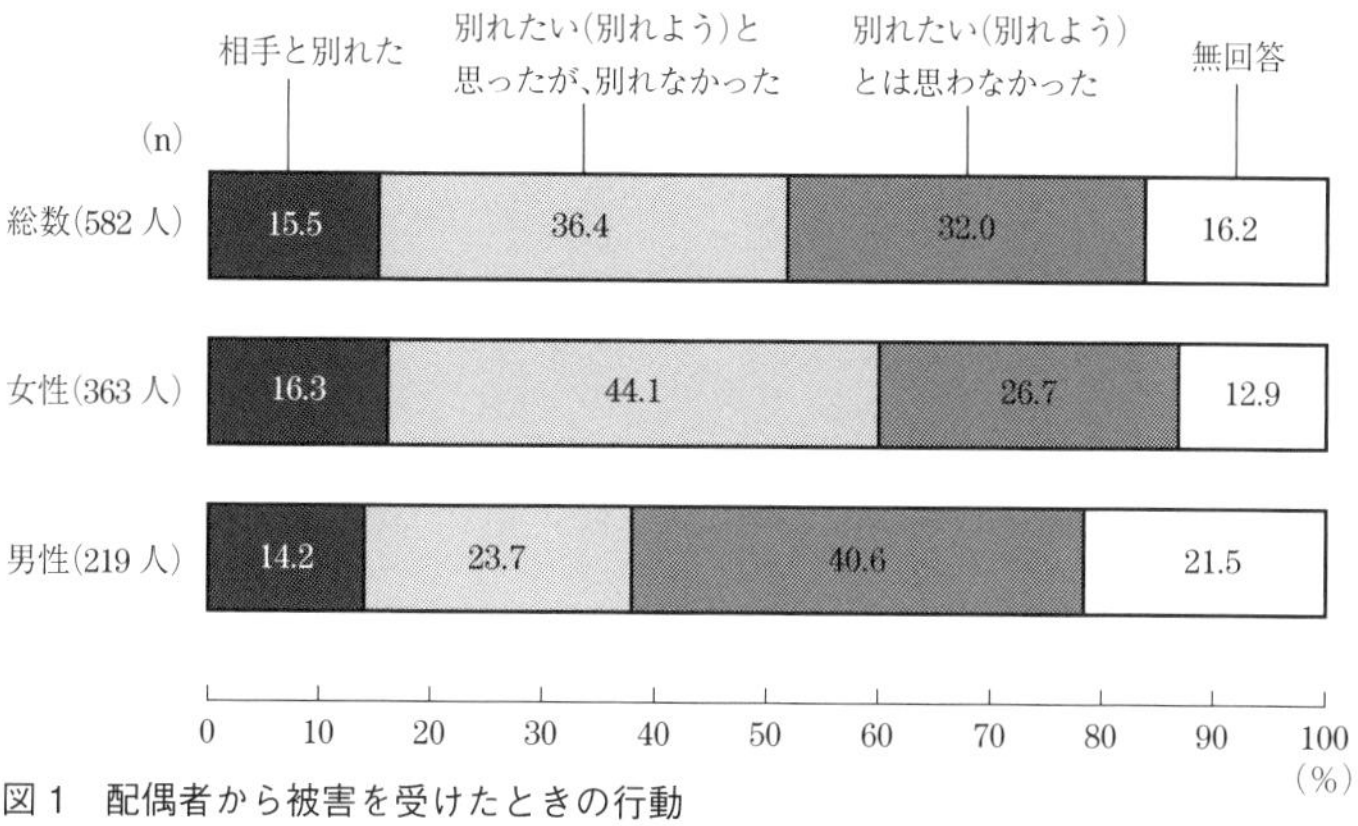

図1　配偶者から被害を受けたときの行動

厚生労働省の調査でも、「DVによって深刻な傷害を負っても妻が夫のもとに留まったり、いったん逃げ出した妻が、短期間の後に再び夫のもとに戻ってしまうことは珍しくない」（厚生労働省 2013: 275）という報告がされている。暴力の加害者が交際相手である場合（調査人数二七七人、女性一九四人、男性八三人）でさえも、相手と別れた人が五七・〇パーセント（女性五九・八パーセント、男性五〇・六パーセント）、別れたい（別れよう）と思ったが、別れなかった人が一八・一パーセント（女性一九・一パーセント、男性一五・七パーセント）、別れたい（別れよう）とは思わなかった人が一七・三パーセント（女性一三・四パーセント、男性二六・五パーセント）（残りは無回答）となっており、決して無視できない割合の人びとが暴力的な関係を継続していることがわかる【図2】（内閣府男女共同参画局 2021a: 51）。

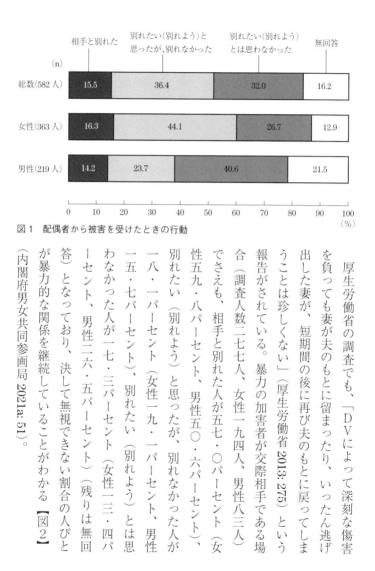

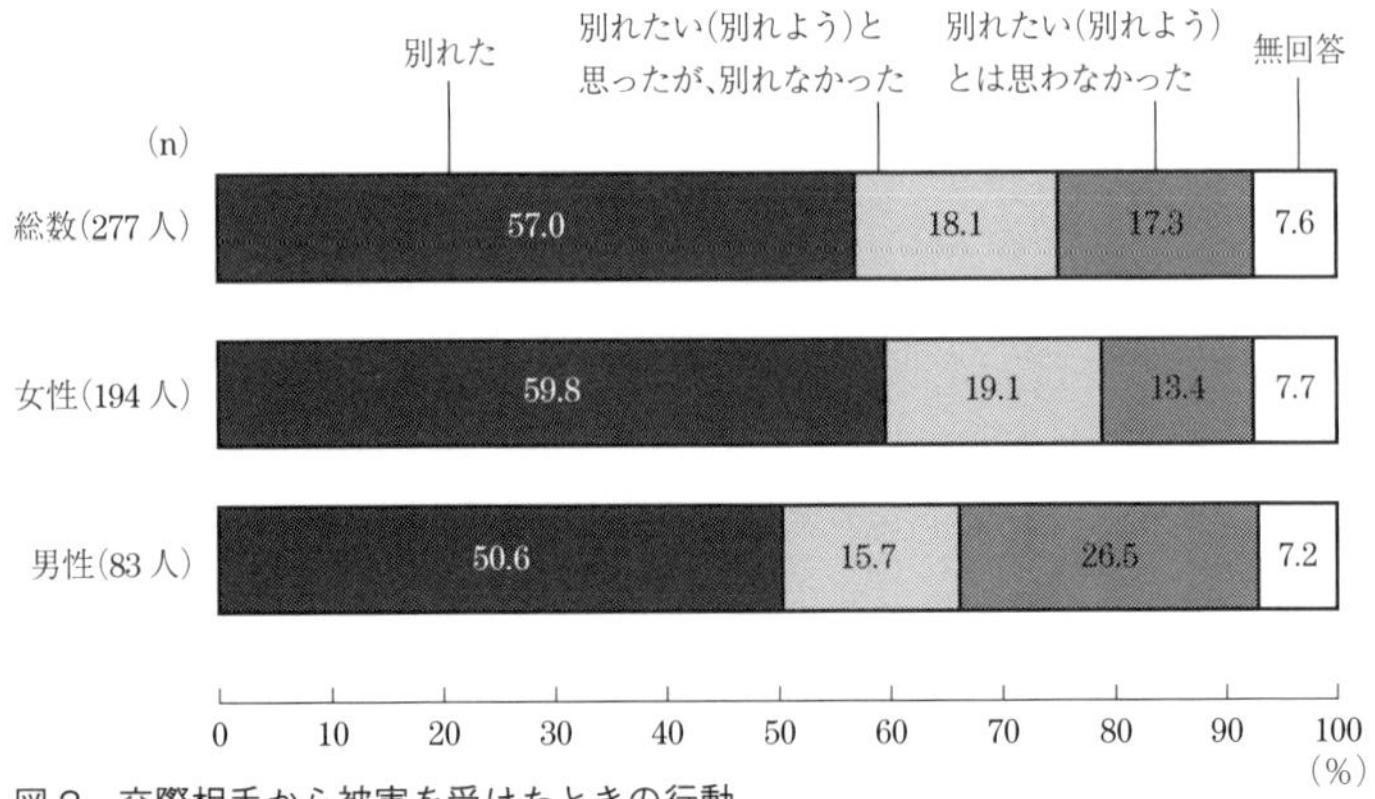

図２　交際相手から被害を受けたときの行動

〈第三者〉のなかには、「本当に暴力が嫌なら逃げるはずだ」という考えをもつ人もいるだろうが、事態はそんな単純なものではない。その背景には、被害者が逃げたくても逃げられない事情がある。加害者が交際相手であるか、配偶者であるかによって「相手と別れた人」の割合が圧倒的に違うことからも明らかなように、特に婚姻関係は暴力の被害者が加害者から離れることを難しくする。

その理由となるものは、第一に、社会における家族規範である。「子どもには父親と母親が必要」「ひとり親の子どもはかわいそう」という社会通念は支配的である。先述の内閣府の調査によれば、配偶者と別れなかった理由（複数回答）の第一位こそが、「子供がいる（妊娠した）から、子供のことを考えたから」（全体六八・九パーセント、女性七一・三パーセント、男性六一・五パーセント）である【図3】（同前：37）。

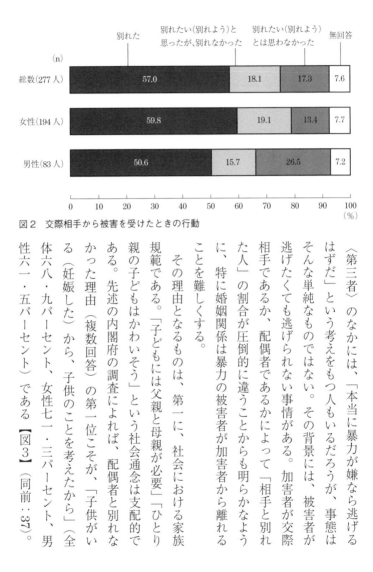

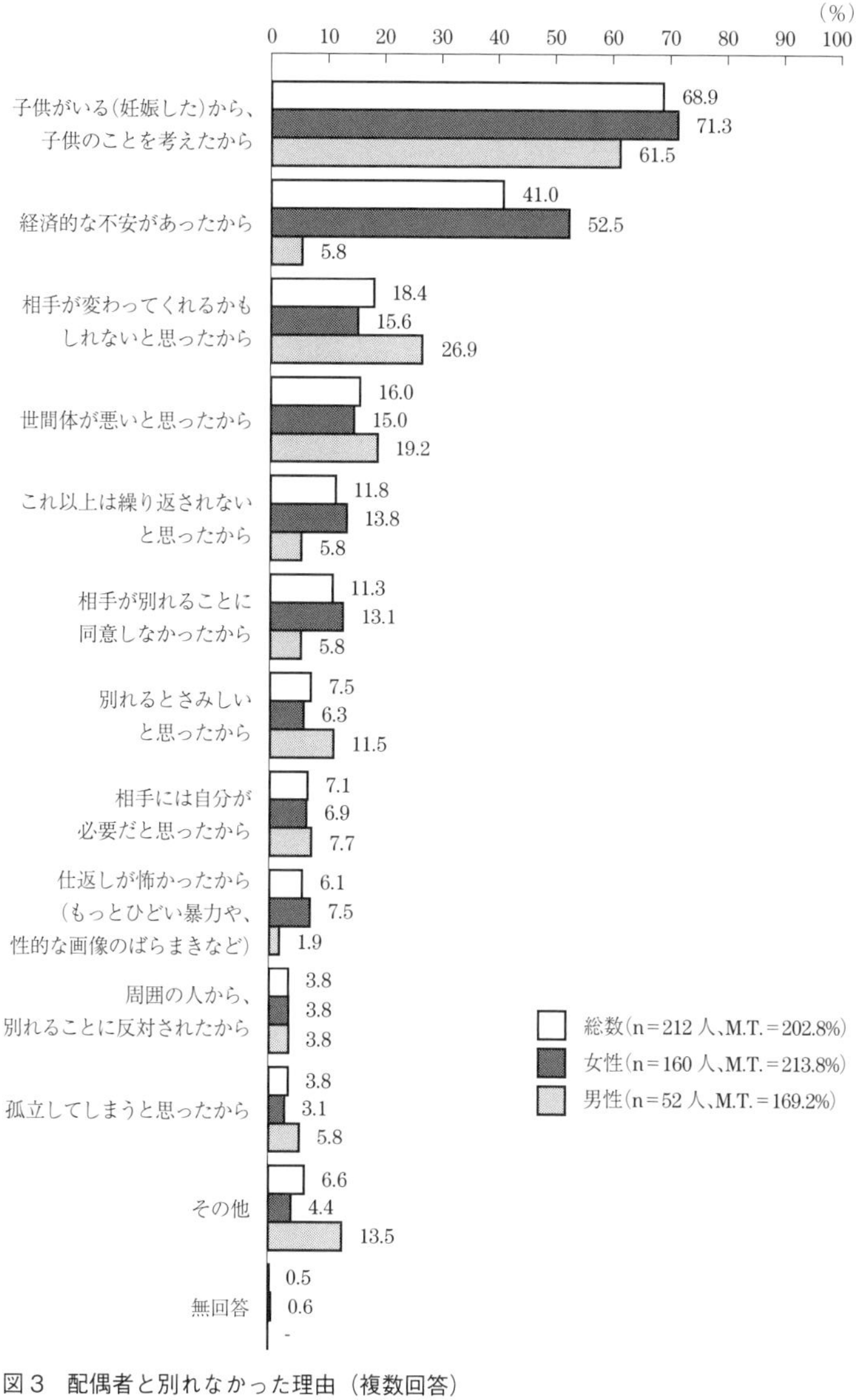

(%)
0
10
20
30
40
50
60
70
80
90
100
子供がいる(妊娠した)から、子供のことを考えたから
68.9
71.3
61.5
経済的な不安があったから
41.0
52.5
5.8
相手が変わってくれるかもしれないと思ったから
18.4
15.6
26.9
世間体が悪いと思ったから
16.0
15.0
19.2
これ以上は繰り返されないと思ったから
11.8
13.8
5.8
相手が別れることに同意しなかったから
11.3
13.1
5.8
別れるとさみしいと思ったから
7.5
6.3
11.5
相手には自分が必要だと思ったから
7.1
6.9
7.7
仕返しが怖かったから(もっとひどい暴力や、性的な画像のばらまきなど)
6.1
7.5
1.9
周囲の人から、別れることに反対されたから
3.8
3.8
3.8
孤立してしまうと思ったから
3.8
3.1
5.8
その他
6.6
4.4
13.5
無回答
0.5
0.6
-
総数(n=212人、M.T.=202.8%)
女性(n=160人、M.T.=213.8%)
男性(n=52人、M.T.=169.2%)

図3　配偶者と別れなかった理由（複数回答）

家族であれば多少のことには目を瞑るべきであるとか、家庭円満のために努めるべしといった考え方もある。また、「世間体が悪いと思ったから」（全体一六・〇パーセント、女性一五・〇パーセント、男性一九・二パーセント）という理由も上位（第四位）を占めている。世間体を気にして離婚に踏み切れなかったり、助けを求めた親族から世間体を気にして離婚を留まるように説得されたりするということも起こっている。

第二に、特に被害者が女性の場合には、経済的要因がある。女性のなかには経済的に夫に頼っている人も多いし、逃亡先で自活できる賃金を得ることも女性が社会的に置かれている状態から難しいという実態がある。同調査において配偶者と別れなかった理由の第二位は、「経済的な不安があったから」（全体四一・〇パーセント、女性五二・五パーセント、男性五・八パーセント）である。経済的に困窮してしまうことを恐れて、被害者が暴力に耐えるという選択をするということが起こっているのだ。

他にも、加害者に被害者自身の殺害をほのめかされるなどの脅迫をされることで、加害者のもとからの逃亡が困難になることもある（厚生労働省 2013: 275-276）。子どもが加害者と二人で暮らすことで子どもに危害が加えられることや、そもそも自分が子どもと離ればなれになることを恐れるという事情もある（内閣府男女共同参画局 2021a: 38）。このように特に婚姻関係にある場合は、被害者が本当は逃げたいと思っていたとしても外的要因がそれを難しくするということが生じやすくなるのである。

しかし、比較的容易に別れられそうな、加害者が交際相手である場合でも、別れなかった人の割合は、合計で三五・四パーセントもいる。相手が交際相手の場合、別れなかった理由の第一位は「相手が変わってくれるかもしれないと思ったから」（全体五〇・〇パーセント、女性五一・四パーセント、男性四六・二パーセント）、第二位は「別れるとさみしいと思ったから」（全体四四・〇パーセント、女性四〇・五パーセント、男性五三・八パーセント）である【図4】（内閣府男女共同参画局 2021a: 52）。このような理由は、加害者が配偶者であるときにも見られるものである。

ここにあげられているような暴力問題から生じる悩みは、周囲の人に相談しにくいものであり、適切な逃げ場や公的機関を見つけることができず、悩みを抱えたまま孤立してしまう人もいるだろう。第一義的な問題は、このような孤立を防ぐことであるとも言える。

しかし、暴力問題に関する悩みの受け入れ先が見つかり、救済の手が差し出されるような状況になった場合でも、被害者のなかには、自ら望んで加害者のもとに留まったり、加害者のもとをいったん逃げ出したにもかかわらず支援者を裏切って自らもとの場所に戻ったり、加害者を思いやるという心情から暴力に対する被害届を取り下げたりする人がいる。（後に詳しく論じているように）ＤＶ加害者のもとから離れようとしない被害者のうち、加害者に

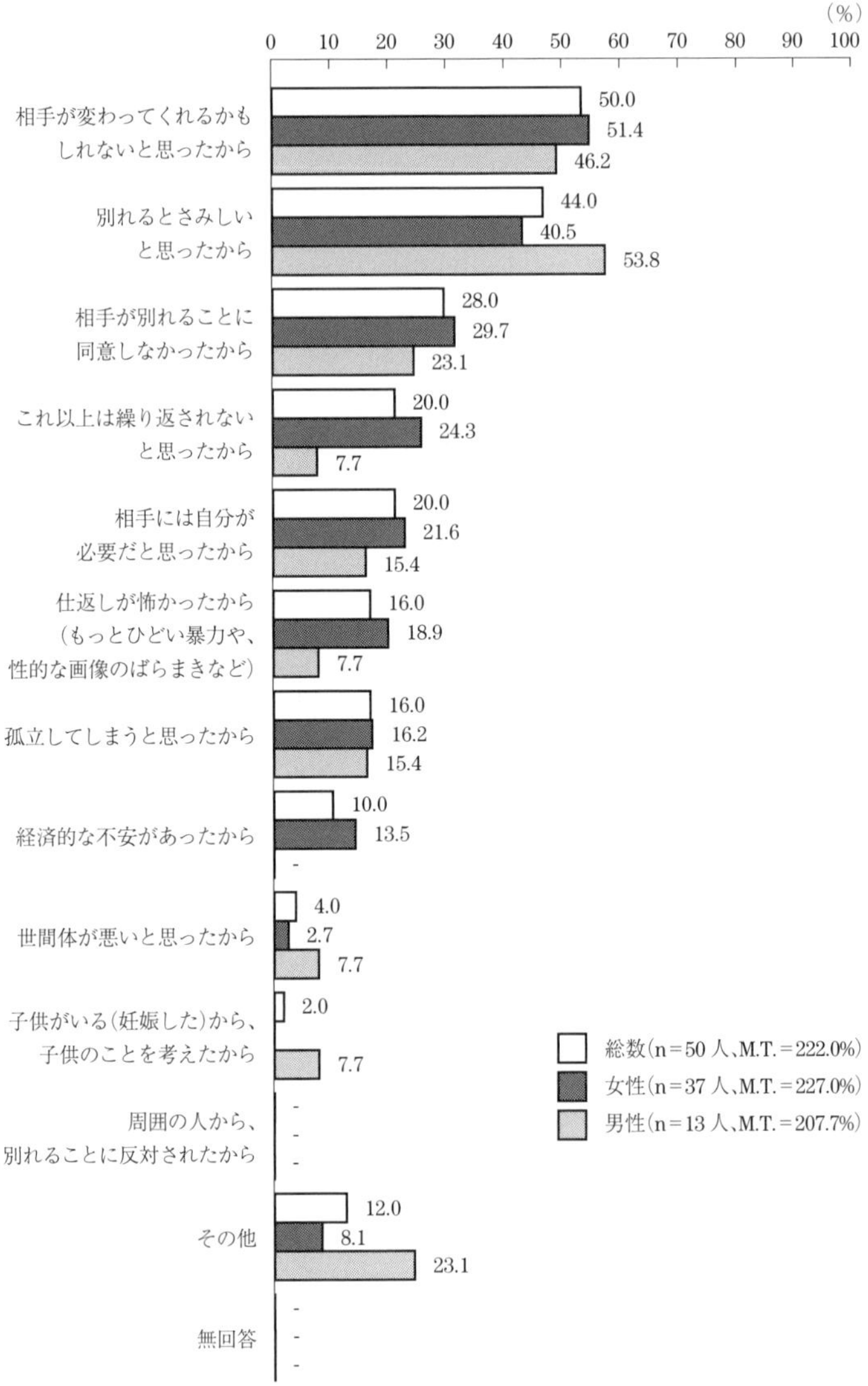
(%)
0 10 20 30 40 50 60 70 80 90 100
相手が変わってくれるかもしれないと思ったから
50.0
51.4
46.2
別れるとさみしいと思ったから
44.0
40.5
53.8
相手が別れることに同意しなかったから
28.0
29.7
23.1
これ以上は繰り返されないと思ったから
20.0
24.3
7.7
相手には自分が必要だと思ったから
20.0
21.6
15.4
仕返しが怖かったから(もっとひどい暴力や、性的な画像のばらまきなど)
16.0
18.9
7.7
孤立してしまうと思ったから
16.0
16.2
15.4
経済的な不安があったから
10.0
13.5
-
世間体が悪いと思ったから
4.0
2.7
7.7
子供がいる(妊娠した)から、子供のことを考えたから
2.0
7.7
周囲の人から、別れることに反対されたから
-
-
-
その他
12.0
8.1
23.1
無回答
-
-
-
総数(n=50人、M.T.=222.0%)
女性(n=37人、M.T.=227.0%)
男性(n=13人、M.T.=207.7%)

図4 交際相手と別れなかった理由(複数回答)

自発的に服従するような態度を見せる被害者たちこそ、もっとも不可解で厄介な存在として捉えられてきたのである。

1－2　親をかばう被虐待児たち[1]

親子に生じる虐待関係においても、被害者である子どもが加害者である親のもとを離れたがらないという現象はよく見られる。児童相談所は虐待から子どもを守るという重要な責務を担っており、虐待の通報を受けたら四八時間以内に子どもの身柄を確認するようにつとめる。そのほとんどがグレーゾーンなものであるが、明らかな身体的虐待や、ライフラインが止まっているような環境に子どもが置かれている場合、性的虐待が目撃された場合などでは、子どもは一時保護されることになる。このように一時保護の対象となる子どもは「凶悪な」虐待の被害者であるはずであり、極限の状態から助けを求めているはずである。しかし、その子どもたちが、まるで自分が「誘拐」されているかのような態度を支援者に示すことは少なくないという（小西 **2019b: 183**）。

このように、被虐待児も虐待者のもとから離れたくないという態度を示すわけだが、家族分離をともなうＤＶ支援とは違って、児童虐待では「将来の家庭復帰に向けて家族統合を目指した支援をする」（内閣府男女共同参画局 **2021b :78**）。つまり、「児童虐待とＤＶ被害者支援の最終的なゴールは、家族統合と家族分離とそれぞれ異なる方向を目指しているとも言える」（同前）のである。

　このような違いはあるけれど、児童虐待においても、その子どもが暴力をふるっている親のことを擁護するような思考に陥ることは問題含みだと考えられている。被虐待児が親を糾弾したり、助けを求めて自ら通報したりするとき、〈第三者〉は同情しながらその心情を理解しようとするだろう。他方、虐待者である親をかばう子どもたちを実際に目にすると、多くの人びとはとても驚いたり、哀れんだりするのではないだろうか。しかし、虐待自体は悪いことだと認識しながらも親のことが好きで、その虐待は自分にとって悪いことではないという子どもの語りは、実は珍しいものではない。

　二〇一三年に厚生労働省が発表した「子ども虐待対応の手引き」における「子どもの特質」という項目では、「たとえ虐待されていても自分に関心を寄せてもらえるかけがえのない大人として、保護者の言動をかばう子どもがいる」（厚生労働省 2013: 7）と言及されている。「手引き」には、子ども本人が一時保護を躊躇したり拒否したりした場合の対応についても記されている。

　虐待の事実があり、保護者からの分離が必要と判断される事例で、子ども本人が一時保護を躊躇したり、拒否する場合は、虐待の原因は子どもにあるのではないこと、児童相談所として「子どもの身の安全を確保するために、保護者には引き渡せない」という判断をしていることを子どもにわかりやすく伝える必要がある。

……いずれにせよ、子どもが同意しているか否かにかかわらず、基本的には、本人が帰りたくないと言うから保護するのではなく、「子どもの最善の利益を守るために、児童相談所として保護者には引き渡せないという判断をした」という説明をすることが重要である（同前：107）。

さらに「手引き」を読み進めていくと、子どもが虐待者である親をかばう具体的な内容とそれに対する専門家の解釈についても示されている。

どのような虐待を受けていても、多くの場合、子どもたちは親を悪くは言わない。むしろ、年少の場合は、親を慕う発言が多く聞かれる。年長の場合でも親の行動を正当なものとし、「自分が悪かったから」「自分のためを思ってくれている」といって親をかばう発言がみられる。……また、心理検査や面接場面で「父は自分を大事にしてくれる」「母は優しい」といった表現がみられることがあるが、これは現実の親子関係というよりも、子どもにとっての理想や願望ということもある。

子どもにとって、親子関係はどのようなものであるのか、家族の中で子どもがどのような位置にあるのか、子どもを支えているのは誰なのか、親子関係の修復のために親子それぞれがどのような援助を必要としているのか、子どもの表面に現れた発言だけにとらわれないで、きちんと押さえておくことが肝要である（同前：127-128）。

児童虐待を扱う関連書籍や論文を概観すれば、親をかばう被虐待児が、多くの著者によって観察され、調査結果としても表れてきていることがわかる。親をかばうという態度は、被虐待児の特徴のひとつであると認識されているのだ（浅野 2009: 90）。児童相談所に保護されるような虐待だけではなく、客観的に「親に大切にされていない」と見なしうるような、より広義の虐待を想定した場合も、親をかばう態度や言葉は、そのままの意味としては受け取り難いとされるだろう。

2　専門家らによる代表的な回答 2

ここまで、暴力関係における被害者たちが、加害者のもとを離れようとしなかったり、加害者のことをかばったりすることを確認してきた。社会的、経済的な支援や援助が行われ、適切な逃げ場が与えられ、あとは加害者から逃げさえすればよい、という状態が用意されたとしても、そのようなことは生じてきた。それはなぜなのか。

支援現場でたびたびつきつけられるこのような実態を解明し、改善するために、支援者や専門家らはこの問いに対して、被害者の心理状況を分析することで回答を試みてきた。ここからは、代表的かつ現在の臨床現場に多大な影響を与えていると思われる回答――①加害者の暴力によって無力化しているから、②加害者の愛情に固執しているから、③加害者に支配/洗脳されているから、④加害者に依存しているから――を紹介したい。これらの回答は、日本においてDV・虐待致死事件が起きた際に、その被害者（ないし加害者の配偶者かつ被害者の親）が加害者から離れずにいた心理を解説されるにあたって、しばしば耳にするものである。

2―1　加害者の暴力によって無力化しているから

アメリカの心理学者で、バタードウーマン（battered woman：被殴打女性）研究に多大な影響を与えたレノア・ウォーカーは、主著『バタードウーマン』（一九七九）において、マーチン・セリグマンの著書『うつ病の行動学〔原題：*Helplessness*（無力感）〕』（一九七五）で提唱された学習性無力感の理論を援用する形でバタードウーマンが加害者のもとから逃げようとしない理由を説明した。セリグマンによれば、散発的に電気ショックを与えられ続けた犬は、どんな反応をしてもショックを制御できないと学習することで受け身的で服従的になり、抵抗や逃走を止めてしまう。

ウォーカーの解釈によれば、この実験における犬の状況は、バタードウーマンの置かれている状況と共通点があり、この実験結果はバタードウーマンに応用可能である[3]。つまり、暴力にさらされ続けた被虐待者は「自分が状況をコントロールできないといったん信じると、その後で好ましい結果が生じても、その状況に働きかけられるとは信じにくくなってしまう」のであり、「いったん女性が自分の無力感（**helplessness**）を確信して行動すると、その認識は現実となり、彼女たちは受け身的で、服従的で、「「無力（**helpless**）」になる」（**Walker 1979: 47**）。くり返される暴力を受け続けた女性は、「みずからの無力感を普遍化」（**ibid.: 50**）することで、虐待者のもとから逃げ出せなくなってしまうというのである。このような論理は、親に暴力をふるわれ続けた子どもにも適応可能と考えられるだろう。

2-2　加害者の「愛情」に固執しているから

同じく『バタードウーマン』においてウォーカーが提唱した「暴力のサイクル理論」によれば、家庭内で生じる暴力には、緊張が高まる第一相、爆発と虐待が起こる第二相、穏やかな愛のある第三相というサイクルがある。第三相で虐待者から感じる愛は、虐待関係から離れて久しい女性でさえ好ましく思い出すほどのものだという。そして、虐待している姿ではなく、「第三相で自分が見ているふるまいが彼の本当の姿なのだと信じる」（Walker 1979: 68）に至った被虐待者は、第三相にもとづいて虐待者について語るようになる。

支援者たちに助けを求めていた女性たちの多くが、この第三相において告訴を取り下げたり、別居や離婚を取りやめたりする。そして、この時期にバタードウーマンたちは虐待者のもろさにも気づくことになる。虐待者はいかに彼女のことを必要としているかを訴え、もし許してもらえないなら自殺するという脅しめいた発言をするが、これは単なる脅しにとどまるようなものではなく、実際にそのように実行されることも稀ではない。自分に対して投げつけられる命を賭けるほどの「愛情」に、被害者は魅せられてしまうのである。暴力的な関係を築いているカップルが「共棲的絆」を築くのも、愛がもっとも強く現れる第三相である。

このように虐待者は、暴力と愛情を混同させて表現しているのであり、常に虐待的なわけではなく被虐待者に優しく接しているときもある。むしろ虐待的なときがあるからこそ、被虐待者は虐待者が時折見せる愛情や優しさにより執着するようになり、ひいては、暴力さえも愛の表現であると勘違いしてしまうと解釈しうる。つまり、被虐待者は第三相に執着するために虐待者のもとを離れられないと考えられるということである。

被虐待児が親の虐待的でない姿に執着しているとするならば、子どもが親をかばう理由の説明も容易になるだろう。多くの虐待する親は、虐待的な行為の後、その「罪悪感をなだめるために、今度は子どもに出来る限りの愛情を与えようと努力する」ため、ここに「暴力と愛情との混在」（西澤 1994: 71）が生じる。暴力をふるわれた後、親に抱きしめられた子どもたちは、「虐待とは愛の表現なのだと学んでしまうことさえある」（Hitchcock 1987: 51）と考えられるのである。加えて、第二相において暴力をふるわれているとき、虐待者の意識は被虐待者に向いているのであり、そのような相手の関心が自分に向けられている状態に囚われているとも考えられているのかもしれない。

2－3　加害者に支配／洗脳されているから

アメリカの精神科医で、トラウマ研究で著名なジュディス・ハーマンは、主著『心的外傷と回復』（一九九二）において、虐待者が被虐待者を心理的に支配していくメソッドについて説明している。

ハーマンによれば、子どもたちは親に頼らざるをえない存在であるため、また、女性たちは身体的な力だけでなく、経済的、社会的、心理的、法的に男性より下位におかれているため、実質的には家庭において監禁状態におかれている。このような監禁空間で、虐待者は被虐待者の生活における最大の権力者になり、被虐待者を奴隷化し、被虐待者が尊敬、感謝、さらには愛情を表明することを求めるが、その「究極的な目標は、自ら虐待を望む被害者をつくり出すことにある」（Herman 1992: 75）という。被害者を奴隷化するための心理的支配は、心理的トラウマを体系的にくり返し与えることで、相手の力を奪い、被害者を他の人間関係から切り離していくことによって実現される（ibid.: 77）。加害者は被害者の自律性を破壊するために、被害者の日常的行動を監督し指示し、被害者の身体的コントロールを確立する。加害者による暴力や脅迫、不規則的な怒りの爆発によって、被害者の恐怖心はあおられるが、その加害者によるきまぐれな優しさに対して被害者は感動を覚えるようになる。

DV関係において、被害者は物理的に四六時中監禁されているわけではないことが多いので、その場合、その気になれば逃亡可能な状態にあると言える。だからこそ、暴力のあとに被害者に逃げられないようにするために、加害者は「謝罪の気持ちと愛の表明、改心の約束、忠誠心と思いやり」を示し、「自分の支配的なふるまいは、ただ狂おしいほどに彼女〔相手のこと〕を必要としていて、愛していることによるものだ」（ibid.: 79）と主張する。そして、この支配を完成させるために、加害者は、被害者を両親や我が子、友人など、他の人間関係から切り離したり、被害者に相手を裏切らせたりすることで孤立させ、加害者により依存的になるように仕向ける。こうして被害者は、加害者に全面降伏することになり、加害者による被害者の心理的支配は完成することになる。

ハーマンによれば、このような事態が児童期に生じると、人格形成にかかわってくるため、子どもはより虐待者への病的愛着を生じさせることになる。そして、この愛着関係を守るために、虐待は意識と記憶から切り離され、実際にはそのようなことはなかったということになるか、あるいは極小化され、合理化され、弁明のつくものとされることでそれは虐待ではないということになる（ibid.: 102）。さらに、大人になったサバイバーが、かつて自分を虐待した親に従い続けることは珍しくなく、虐待者が病気になれば看護し、逆境に立たされればかばおうとするという（ibid.: 112）。

このように被害者が加害者に心理的に支配され、マインドコントロールされることによって、加害者に従順な被害者が作り上げられ、加害者のもとを離れないだけでなく、支援の手を差し伸べる〈第三者〉たちを悪者扱いするようにもなるという解釈が浸透している。類似した見解として、ストックホルム症候群やグルーミングを例にあげながら被虐待者の心情が分析されることもあるだろう。

2－4　加害者に依存しているから

ここからは、被害者側に加害者と共にいることへのニーズが先行的に存在することを強調している議論、すなわち、被害者が加害者に洗脳／支配されるという点よりも、被害者が加害者に依存するという点が強調されている議論を「共依存（codependence）」という概念に着目することで確認したい。

共依存という概念は、一九七〇年代末のアメリカで誕生した。この概念誕生のきっかけは、アルコール依存症者の治療にあたっていたセラピストやケースワーカーたちが、アルコール依存症者の周りには、その人の病を自らの人生を賭けて支える配偶者がいるのに気づいたことだとされている。その配偶者は、アルコール依存症者への自己犠牲的な献身や、相手の暴力などに疲れ果て、「その関係性から逃げ出すために安全と思われる場所へ一旦逃亡を遂げたとしても、次第に残してきたアルコホリックのことが心配になるため、進んで危険な場所へと帰って行く」（小西 2017: 6）。

この背景には、配偶者がアルコール依存症者に「依存されることに依存している」あるいは、「必要とされることを必要としている」ということがあり、そのため、配偶者は病理の回復ではなく、病理を悪化させる行動を無意識のうちにとってしまうという理解が生まれた。

また、共依存のような状況が生じてしまうのは、共依存者が過去――特に子ども時代を過ごした家族――においてトラウマを抱えているからであり、それゆえ原家族において担っていた役割に執着したり、その家族に生じていた問題（たとえば、暴力関係）を再演していたりするという解釈も存在する。

共依存という言葉は、アメリカのアルコール依存症の治療施設が、アルコール依存症だけでなくＤＶ問題も治療の対象にした背景や、治療施設に訪れるのがもっぱらアルコホリックのそばにいる女性や、ＤＶ被害を受けている女性であったという背景によって、ＤＶ関係についても言及する言葉になった（Weisner & Room 1984: 179-180）。その流れのなかで、「共依存の最も確かな症状は、慢性的に暴力をふるわれるような関係から逃げ出す能力がないことである」（Cermak 1986: 33）と言われるようになった。[4] 先述した内閣府男女共同参画の調査でも、暴力をふるう相手と別れなかった理由の選択肢として、「相手には自分が必要だと思ったから」という項目が立てられており、共依存言説の影響が垣間見られるといえるだろう（内閣府男女共同参画 2021a）。なお、この項目に対して、相手が配偶者の場合は、七・一パーセント（女性六・九パーセント、男性七・七パーセント）、相手が交際相手の場合は、二〇・〇パーセント（女性二一・六パーセント、男性一五・四パーセント）が当てはまると答えている。

また、親子関係において、親に対して子どもが依存的な存在であることは大前提と考えられる傾向にあるだろう。子どもは大人に依存しなければ生きられない存在であり、ほとんどの場合、子どもの依存先は保護者にあたる親となるということである。そのため、「いかに虐待されていようとも、子どもは日常生活を加害者である親に頼るしかない。だとしたら、親に見捨てられでもしたら生きていけないぐらいの気持ちになってもやむを得まい」（川崎 2011: 72）。このような環境下で生きのびるために、被虐待児は不条理な仕方で親を好意的に受け入れるようになったとも考えられるのだ。

このように、大人に依存して生きている存在であり、そもそも大人と比較して判断能力が未熟だと考えられがちな子どもが虐待する親元を離れたがらなかったり、親をかばったりする場合、その子どもの判断には何かしらの問題が生じていると判断されるであろうし、大人になったサバイバーにも同様のまなざしが向けられる傾向にあるだろう。[5]

*

以上のウォーカーやハーマン、共依存などの理論や概念は、アメリカ由来のものではあるが、これらは日本において十分に影響を与えているものであることが見て取れる。ここまで紹介してきた内閣府男女共同参画局や厚生労働省の見解への影響はもちろんのこと、臨床の専門家たちの執筆物においても、ウォーカーやハーマンの議論を紹介ないし援用することでDVについて論じるものも見られる（たとえば、斎藤1996; 龍島2011, 2013）。日本で出版された共依存をテーマとする著書や邦訳書でも、暴力をふるわれても逃げない被害者たちやそのような関係に依存する人たちについて記述されてきた（詳しくは、小西2017）。

したがって、これらの理論は、日本においてもかなりの影響力をもっていると考えられるし、実際にDVや虐待事件が報道される際、ここであげた回答に準ずる解説や見解が述べられることがしばしば見受けられることも強調しておきたい。

註

1　本項は、（小西2019b）の一部を抜粋、加筆・修正したものである。

2　本節は、（小西2019b）の一部を抜粋、加筆・修正したものである。

3　ただし、セリグマン自身は後に出版した共著『学習性無力感』（一九九三）において、学習性無力感のDVへの応用は完全に適切な仕方で行われているわけではないとの見解を示している。つまり、現在定着しているDVにおける「学習性無力感」ないし「無力化」とは、ウォーカーがセリグマンの理論を拡大解釈した理解のもと論じられた内容なのである（Peterson, Maier & Seligman1993: 239）。また、トラウマ研究の専門家であるジュディス・ハーマンも「学習性無力感」の暴力問題への適用は間違いであると主張している（Herman 1992: 90-91）。

4　信田さよ子は、共依存という言葉が「夫婦間の力関係における非対称性」を前提としていないことから、共依存という言葉をＤＶの文脈で使うことは慎むべきであると主張している（信田 2006: 320; 2009: 152; 2014 :180）。

５　もちろん、暴力から逃れられない「依存」としては、心理的な依存ではなく、すでにここまでに確認してきたような経済的な依存や社会的な依存もあるだろう。しかし、そのような依存をしなくてもすむような支援が提供されたとしても、心理的依存ゆえに加害者に愛着を抱いている被害者が存在し、それゆえに支援が阻害されるという主張がなされてきたことをここでは強調したい。

第2章

なぜ暴力関係から逃れないのか【異端編】

——語られる歪な愛

ここまで、なぜ暴力の加害者のもとに自ら留まろうとしたり、加害者のことをかばったりする被害者がいるのか、その心理的な理由として論じられてきたことを紹介した。こうした見解が専門家間で共有されたり、一般大衆に定着したりすることは、特にDVや性暴力の裁判やハラスメント案件で被害者を弁護するための財産でもあるだろう。

他方、別の観点から重要な点として、ここで紹介した見解のほとんどが、被害者が本来の自己や判断力を失ってしまっている（あるいはその能力を身につける前の発達段階にある）ために、このような帰結が生じているとしていることがあげられる。したがって、生命保護などの観点から被害者を加害者から分離することや、病的な状態から治療によって回復することが推奨され、そのためには〈第三者〉による適切な介入が必要だと考えられている。しかし、ここで想定されるような態度は、正しいと言いきれるようなものだろうか。

第2章では、このような〈第三者〉の態度に抵抗を示すような〈当人〉たちの声のいくつかを紹介したい。これらの声は、第1章で紹介してきた諸見解に回収され、解釈されがちなものである。あるいは、これから紹介される声のなかには、ある人びとにとっては「虚構の物語」だと感じられるものもあるかもしれない。しかし、ここでなされているような「不適切」とされがちな語りを矯正するような仕方ではない、あるいは、そこにある語りを「偽り」だと見なさない、その歪な愛を語る声に対する別の聴き方を探るべきではないだろうか。

1　分離以外の解決策の必要性――「離れたくない」

暴力関係にある人びとは、特に生命保護の観点から、（児童虐待では最終的には家族の再統合が目指されているとはいえ）基本的には分離することが望ましく、その方針を基準とした解決策が提供されてきた。したがって、暴力をふるうパートナーと「離れたくない」という声は、軽視されてしまう傾向にある。

『いつか愛せる――共依存からの回復』（朱鳥社、二〇一〇）の著者である元ＤＶ被害者のあさみまなは、以前彼女に暴力をふるっていた夫と、今もいっしょに暮らしている様子を著書に記している。あさみは、暴力の残虐さを切実に訴え、命の危険を感じた場合、夫から離れ、暴力から逃れる勇気をもつことの重要さについて語っている。しかし、その一方で、彼女は夫に暴力をふるわれながらも、夫のそばを離れたくなかった過去を、つぎのように回想している。

　私は自分が暴力の中にいた時、何とかして自分と同じ経験をした人に出会いたかった。

とりわけ、別れずに暴力から抜け出した人の話を聞きたかった。

……〔女性センターで行われたカウンセリングにおいて〕カウンセラーの方はベテランらしく、いろいろと情報を与えてくれたことには感謝しているし、何を強制されたわけでもない。もしかすると、その方は私の話を聞いて「命の危険にさらされているのに自覚していない」と判断されたのかもしれない。

けれども私は初対面で、

「暴力は治りませんよ」

と一喝され、シェルターの説明を受けた。帰る頃には今すぐ家を出なければならないかと思いは乱れ、混乱は何日も続いた。

もしその時にシェルターに入っていたら、こうして彼に夕飯の支度を頼んで原稿を書いている私は、たぶんいない。私は自分の心に気付くこともなく、彼を憎み続けていたかもしれない（あさみ 2010: 89, 94-95）。


命を守ることは尊重されるべきであり、分離は間違いなく重要な対処策のひとつである。しかし、彼女のような声が存在すること、すなわち、分離ではなく、関係性やつながりを保つなかで、解決の道を探りたいと願う声もあることも、私たちは聞き逃してはならないのではないだろうか。彼女は、客観視すれば完全に否定的で、救いようがなく、別れるのが最善の方法にしかみえないような関係性のなかで、何か大切なものを守ろうとしていたのである。

ここであさみが守ろうとしていたのは、いったい何なのだろうか。その提示には、非常に慎重になるべきであるが、ここではそれを「愛」と呼ぶことにする。このような「愛」とは、「偽物の愛」であると否認されるようなものである。しかし、その「偽物の愛」を築いている本人たちにとっては、それは紛れもない「愛」と認識されていることがある。あるいは、「本来愛（愛すること）そのものは、狂気＝幻想を秘めたもの」（河野 2006: 88）ではないだろうか。[1]

一定数の暴力の被害者は、自分の被害を人に話すことで何らかの助けを欲している。しかし、誰に助けを求めたとしても、みんなに結論としては「離れたほうがいい」と言われる状況を〈当人〉の立場から想像してみてほしい。何らかの助けを求め、自分の気持ちを告白した先で、その気持ちさえ受け取られずに、あるいは一見受け入れているという態度を示されて結局は「離れたほうがいい」というありふれた結論ありきの態度を示されていたとしたら、その人は再度その相談相手のもとに助けを求めに行くだろうか。支援者がせっかく支援を提供したのに、支援者に反抗したり、支援者を裏切って加害者をかばったり、加害者のもとに戻ったり、支援者のもとへの再訪を拒絶したりするような「恩知らずの被害者」（Mills

2008: 38-41）とされる人が、「自分が本当に考えていること」を当然のこととして話すことができる支援の現場があれば、より多くの人が支援によって救われるだろう。[2]

2 〈当人〉の言葉の真正性――「私は相手のことをよく知っている」[3]

海外在住の女性みゆきさん（四〇代）は、私の友人だ。[4] みゆきさんのインタビューでは、家族や恋人たちとのあいだに生じた共依存的な事態が中心に語られ、父親の問題点についても示された。しかし、友人としての会話をつうじて、みゆきさんが父親のことをとても大切に思っていることを知っていた私は、草稿では父親の問題点についてほのめかす程度にしか記述していなかった。

草稿を読んだみゆきさんは、自分の苦しみや、恋人関係にある悪い男性を許し続けてしまう理由は父親にもあるから、父親の問題点も記述してほしいと言った。みゆきさんは自らのストーリーが偽りのない真実として描かれることを求めていた。みゆきさんの申し出を受けて、次の日には彼女がインタビューで語った言葉を並べることで、父親の問題点（婚姻・浮気のくり返し、不倫現場に三歳のみゆきさんを連れて行ったこと、家族に対する身体的暴力など）について記述した（小西 2017: 152）。すると前日には父親の問題点を記述してほしいと言っていたみゆきさんが、つぎのように述べた。

かばうわけじゃないけど、うちの父親はお人よしっていうくらい人に優しい。〇〇家の長男として家族みんなに慕われているし、うちのいとこも全員そういう目で見ている。……子ども好きでも有名で私たちの心配ばかりする親父だよ。子どものころは貧しくてもいつもどこかに連れて行ってくれて、家族での行事がたくさんある家だった。貧しいことを知らなかったもん。高学年になるまで。貧しかったのも、父親の兄弟の借金を全部自分から背負うし、一五のときからそういう生活をして家に仕送りをしてる、戦後そのものの子ども時代だったよ。なのに子どもは少年院に行ったり、彼が盗んで廃車にした新車を全額払ったりってうかばれない人だった。だからみんな本当に今、うちの父親を不憫に思っているよ。みんなのためにがんばるお父さんで愚痴を言わない。そういう父に迷惑をかけてはいけない（二〇一七年六月五日）。

こうしてその日のうちに、みゆきさんの父親の問題点を記述する直前の部分に、父親のよい点を追記することになった。私はみゆきさんのライフヒストリーの記述にあたって、採用する言葉の取捨選択や、ストーリーの構成は主体的に行ったが、使用される言葉においては自分のものを極力封印し、みゆきさんの言葉を記すようにしていた。しかし、みゆきさんの言葉を使ったとしても、私を介して執筆されることで、その言葉は私の言葉にもなる。私が記した父親像にみゆきさんは抵抗したのだ。みゆきさんのライフヒストリーの記述における父親の問題点とよい点は、双方ともみゆきさんが指摘することで形成されたのである。

みゆきさんは引き続き、父親について語った。

一応かわいいんだよ。私がね。泣いちゃうもん、〇〇（みゆきさんの住んでいる国）に戻るっていうと。なんか貧乏で不憫に暮らしてると思ってるみたい。全然違うんだけどね。自分と重ねてるんじゃない？（同前）

さらに、実の母親ではないがゆえに、みゆきさんを「他所《よそ》の子」だと言いながら育て、彼女を苦しめ続けているという育ての母親のエピソードも語りはじめる。

びっくりするかもしれんけど、母は私が一七のときに成人式の着物を買ってくれました。自分は何も余分なものを買う余裕はないのにローン組んで買ってたよ。そういう面もある。……パートもひとつ増やして朝の五時に弁当つめる仕事してたよ。（私のこと）他人の子といいながら。当の本人には自由に使えるお金は四五歳くらいまでなかったんじゃないかな（同前）。

二〇一九年四月、私は久しぶりにみゆきさんと再会した。みゆきさんは雪解けの風景写真のインテリアをプレゼントしてくれた。その写真をつうじて彼女は、「重い雪が溶けて春が来ます。一歩一歩前へ以前より少しだけでもプラスならそれでいいと思います」というメッセージを伝えてくれ、それはみゆきさんの「人生そのもの」だと表現した。そして、「これはお母さんから」と言って、かつてみゆきさんの母親が作った二体の人形を渡してくれた。子どもがいる友達にあげるプレゼントとしてほしいとみゆきさんが言ったら、母親は喜んでプレゼントしてくれたという。

みゆきさんの母親には波がある。母親のみゆきさんへの気持ちは両義的なのだ。そこに現れる優しさは、相手を傷つけることへの免罪符にはならないけれど、そういった姿もまた現実であることには変わりない。同じように、そういう優しさを与えられていたとしても、相手に気持ちを踏みにじられているときは、その姿が現実だ。みゆきさんの調子が優れないときや助けを求めているときを含めて彼女の日常に触れたり、みゆきさんが幸せを感じているときに話を聞いたり、みゆきさんとの共同作業として執筆物を書き上げたりしているうちに見えてくるものを変形させる必要は、ただひとりの人間として彼女と語り合っているかぎりにおいては生じてこない。

ここで上間陽子が聞きとり調査を行っている一七歳の七海について紹介したい。

家族の困難をかかえた七海は、中学生のときに母親から暴行をうけたことがあり、今でもひどい言葉を投げかけられている。母親は若年出産した七海の子育てにも非協力的なだけでなく、七海に妹の世話まで任せている。七海は何度もそんな母親の悪口を言うが、相手が母親の悪口を言うと我に返ったように母親のことをかばいはじめる。そんな七海の言葉に耳を傾けた上間は、つぎのように述べている。

あるとき、ねえ、なんでそんなにママのこと悪くいわれるのがイヤなの?と七海に尋ねると、七海は、しばらく考えてから、本当はいい人だって知っているからとつぶやいて、それから、小さいころ一緒にお菓子をつくったことや、特大のケーキをスプーンでぺろりと食べてしまった自分を笑うママの記憶などを語りだした。

……どれだけ親にじゃけんに扱われたとしても、手をつないでくれた記憶、抱きしめられた記憶、一緒にいた時間の記憶を拾い集めて、子どもは親を庇おうとする。記憶はどれもその子の存在そのものにつながっている。……（それは）だれも幸せにしていないこと、あるいは家族は良きものであるというのは単にイデオロギーに過ぎないことを知れば、家族を対象化しその暴力から逃れることができるはずだと、長年私はそう思ってきた。でもそうした言葉を彼女たちに問いかけてみても、彼女たちは親や自分の子どもと生きようとしていた。だから私はもう黙って、彼女たちの言葉に耳を傾けるようになった[5]（上間 2017: 113）。

また、みゆきさんは、現在のパートナーを除く恋愛関係は共依存関係にあったものだとふり返っている。過去の恋人のうちの一人である年下の男性との「恋人」期間は短かったけれど、その後、親密な「友人」関係——週に五回は会っていたし、会えば二四時間いっしょにいて、お互いの家の鍵はもっていたので、約束しなくても互いの家を行き来するような関係——が続き、恋人期間と合わせて一〇年以上の月日を共にした。

彼は相手を敬うことや配慮することなど、一般の大人なら理解できることをまったくできなかったし、浮気をくり返す人でもあった。浮気相手からもらってきた性病を彼からうつされたことなども理由となり、彼とは「友人」関係になることを決意したけれど、その後も喧嘩は絶えなかった。口論に耐えられなくなったみゆきさんが彼を置いてその場を離れると、数時間後には彼から連絡がある。「一緒にケーキでも食べながらテレビをみよう。先週からいっしょに見てない番組がたくさん溜まっているよ。少し、休憩をしよう」。それが彼なりのアプローチであることは分かるけれど、みゆきさんはそれを拒絶する。でも、メールで言い合いをした挙句、「どうやったら君を幸せにできる?」といったみゆきさんの心を動かす言葉が届くのである。

ほとんどの醜い争いの後は、彼が泣いて次はちゃんとやるから、信頼を得れるように努力するからって子どもみたいにすがってくるの。距離を置くべきだと思うんだけど、ここからがさらに難関なところで、彼の受け入れにくい部分は多分二〇パーセントくらいで、後の八〇パーセントくらいは逆に友達としてありがたい部分なんだ。みんなは言うよ。……傷つきたくないなら相手を選べと。……嫌なことたくさんあったけど、良くしてくれたこともたくさんある。それを否定することが非常に難しい(小西 2017: 159-160)。

〈第三者〉は、暴力・虐待などの問題行動のみをクローズアップする傾向にあるが、虐待者はいつも問題含みの行動を取っているわけではなく、被虐待者がそれとは違う扱いを受けている瞬間もある。このような瞬間こそを被虐待者はクローズアップするのである。合理的な説明や、多くの研究や臨床の蓄積は、このような声の脆弱さを証明しようとするけれど、このように語る人びとが生きているのは、どうやら別の物語のようだ。私たちは、既存の価値観で他者を判断するにとどまるのではなく、〈当人〉が語っている物語そのもののなかに現われてくる真正性を直視する必要があるのだ。

3　依存がもたらす救済――「依存によって生きのびられる」

エドワード・カンツィアンとマーク・アルバニーズが提唱した「自己治療仮説（Self-medication hypothesis）」（Khantzian & Albanese 2008）は、依存症が人を救うというラディカルな見解を提示し、今日まで受容されている理論である。自己治療仮説によれば、依存症の中心問題は心理的痛みであり、その耐えがたい痛みから自らの意識を守り、その苦痛を緩和するために依存症になる。日本においてこの理論を紹介した松本俊彦によれば、「依存症者は無意識のうちに、自分たちの抱える困難や苦痛を一時的に緩和する役立つ物質を選択し、過酷な「いまこの瞬間」を生き延びてきた」のであり、「その結果、確かに依存症には罹患」したが、「そのおかげで「死なずにすんだ」と考えること」（松本 2013: iv-v）もできる。また、日本における「生きのびるためのアディクション」という言説の普及に貢献した、ダルク女性ハウス施設長で精神保健福祉士の上岡陽江は、つぎのように述べている。

アルコールが助けてくれた。

私は昔をどうふり返っても、「クスリもアルコールもやらずに生きる人生なんてないな」と思っていて……やっぱり、あそこを生きのびるためにはクスリかアルコールを使わないと絶対無理だよねという話をしてました。もし使っていなかったらマジ死んでたと思うので。

……アルコール・薬物を「やめろ」と言いません。それがないと死んでしまうから。「やめる」という単純なところを回復の目標に持ちません。10年生きのびるためにはどうしたらいいいかを考えます（上岡 2015: 26, 28）。

自己治療仮説が論じていることは、特定の人間（関係）への依存においても当てはまるように思われる。〈第三者〉の目から見たら救いようのない関係性であったとしても、たとえ暴力のサイクルモデルに見られるような第三相の時期が一時的なものであったとしても、その関係性は、今にも消えさせてしまいそうな命を生きのびさせるには欠かせないものであるということもある。この世界や自分のことが嫌いすぎて、あるいは、未来に希望が見いだせなくて、耐えがたいほどの精神的苦痛を感じているとき、そのような関係性によってこそなんとか生かされるということもあるのだろう（自己治療仮説について、詳しくは第5章で検討したい）。

夫からのDVがくり返され、ついには相手から殺意を感じるような暴力をふるわれるようになったある女性は、友人宅を逃げ歩いた後、離婚を決意してシェルターへ入居した。しかし、離婚調停の申請などをしていたにもかかわらず、彼女は間もなく夫と連絡や密会を重ねるようになり、その事実が明るみに出たためシェルターを退去することになったという。その後、夫は断酒を宣言し、アルコール依存症の自助グループに通いはじめ、夫婦ともども別々の相談室でカウンセリングをうけはじめた。しかし、シェルターを退去して数週間後、夫婦喧嘩の末、妻は夫の脇腹を包丁で刺して逃げた。幸い夫の傷は大事に至らなかった。そして、その後に及んでも夫は、「何でもする、彼女とは別れない」と言っている。彼女はその言葉にとても弱い（斎藤 1996: 66-78）。

二人の悪循環にしか見えないような関係性を変化させ、それぞれの個人が成長を遂げるのと、一方が他方に究極の損傷を与えることになるのと、どちらが早いだろうかと思わずにはいられない。しかし、危険な見方であることは重々承知であるが、刃物で刺されてもなお自分のことを必要としてくれる人の存在が、生きる支えになるということもあるだろう。もし〈当人〉が自分なんて消えてしまえばいいと思っているような場合、これほどまでにその希死念慮を否定し、自分の存在する意味や価値を与えてくれる人が他に現れるだろうか。善良な支援者が複数名で自分のことを何とか救おうと手を差しのべてくれたところで、命を賭けてまで自分といっしょにいようとする相手の気持ちには到底及ばない、ということもあるのかもしれないのである。もちろん、支援の過程で信頼関係などが築かれ、支援者の愛情を感じることができることは十分に起こりうる。しかし、自分が愛されたいと思った特定の他者からの愛情（執着）によってこそ、自らの生を肯定できることもあるのだ。

生きるための依存を渇望する人のなかには、多様な形で複数の他者から承認を得ることに依存する人もいる。私がインタビューした元共依存者である男性の薫さん（当時三〇代）は、かつて自分に暴力をふるっていた元内縁の妻との共依存関係をはじめ、自分の病理にまつわる経験を多くの場所で語っている。

ある施設で職業訓練の講師をしていた薫さんは、講義のなかで、自分がかつて病理を患った経験があることを率直に語った。彼の告白を聞いた生徒たちのなかには、授業の後、自分がうつ病であること、夫がアルコホリックであること、子どもが神経症であることについて相談に来る者がいた。同じような問題で苦しむ人にとって、彼の正直な「語り」は勇気と称賛をもたらした。この経験は、彼の更なる「語り」を触発することとなり、薫さんは他者に自らの経験を「語る」ことを通じた自己充足を求めるようになった。

なんでそんな話（自分の経験談）をしたかっていうと、意図としてはすごく単純で、福祉の政策とか法律の枠外でこういう苦しみもあるんだよって話をするためです。例えば、窓ガラスが割れて、悲鳴とか叫び声とか聞こえても、民生委員も警察も誰も来ない。地域の相互扶助なんてないということを話すんです。僕は男だから、婦人保護施設にも行けない。一見福祉ってすべての網にかかっているように見えるけど、かかってませんよって話をするときに、いい例として自分を出すんです。無理やり生産的にしようとしていますよね。ただで起きるかって思っています（小西 2017: 230）。

薫さんは、自身の経験を他者に語り、それが意義あるものへと変容することを切望している。元共依存者だからこそ、現在その問題の渦中にいる人へ提供できるものがあると考え、彼自身もそれを提供することで誰かの役に立つことを求めている。過去に生産性をもたせる作業を、彼はくり返し行っている。インタビューを通じて薫さんは、私の研究、ひいては同じような問題を抱える人の役に立つことを望んでくれた。他者の役に立つことは、薫さんの生存の根幹にもかかわっているように感じられた。

僕には自殺願望があるんです。でも論理的にそれを否定しているんです。死んではダメだって。僕を重要な他者だとしている他者がいる限り、僕は死ねないって思っているので、自殺は絶対にしてはいけないって決めているんですけど、でも願望としてはずっとあって、いつ人生を終わりにしてもいいと思っているんです。だけど、人を裏切ってきた罪を墓場まで持って行きたくないんです。それを公にしてけじめをつけたところで、ここで傷つけてきた人が納得するかどうかは分からないんですけど、少なくても今後傷ついていくような人たちがいるかもしれないし、彼ら彼女らがそれによって一人でも救われる瞬間があれば僕も救われるんです（同前：232）。

過去を生産的なものにして「人の役に立つ」ことは、彼の存在意義を賭けた行為のように見受けられた。彼は、彼を必要とする人を求めており、そういう人の存在によって救われているようにも思われた。他方、彼が存在そのものを必死で賭けているからこそ、誰かの役に立とうとする行為が、誰かの心に深くとどくのかもしれない[6]。

4 欲望される暴力や支配――「私はマゾヒストである」

先に紹介した、被害者が加害者と生きようとする理由として今日流通している見解を示したレノア・ウォーカーとジュディス・ハーマンは、そのような見解を提示する前提として、「バタードウーマン一般がマゾヒストであるとする神話」に対して問題意識をもっていたということがあった。先述したように、バタードウーマンの実に多くが、暴力をふるわれながらも、暴力をふるうパートナーのもとを離れないということが、ウォーカーが『バタードウーマン』を執筆していたころにも頻繁に生じていた。その理由として、「バタードウーマンはマゾヒスト」であり、「「暴力をふるわれるのが好きで、暴力をふるうに値する」女性だけが殴られている」(Walker 1979: 20) という見解が一般に広く信じられていたという。

ハーマンも「精神保健の専門家たちが、被害者の病理を虐待的状況に対する反応として概念化するのではなく、しばしば虐待的状況のほうを被害者の隠れていた病理なるもののせいだとしてきた」(Herman 1992: 116) あり方に問題提起している。暴力をふるわれている妻たちこそが、夫の暴力的ふるまいの「原因」であるとするような研究における「夫の攻撃的なふるまいは妻のマゾヒスティックなニーズを満たしている」(Snell et al. 1964: 110)といった主張が典型的なものである。

一九八〇年代には、アメリカ精神医学会が刊行する『精神疾患の診断・統計マニュアル』の第三版、いわゆる、DSM-Ⅲの改訂の会議において、「マゾヒスト的パーソナリティ障害」の登録を提案した男性精神科医と、その見解に異議申し立てをしたフェミニストとのあいだの論争があった。[7]

この診断名は、その人が置かれている状況への熟慮がされることなく、他者に搾取、虐待、利用される関係にとどまるすべての人に適用されるものであったため、暴力から逃れられていないバタードウーマンは、どんな事情を抱えていたとしても、それに該当してしまう。この提案に対して怒りを露わにした多数の女性グループが、診断基準を執筆する過程の公開を迫ったことで、はじめて女性が精神障害の命名に関与することになった。[8] 議論のすえ、この診断名は「自己敗北性パーソナリティ障害」という名称に変更され、本文ではなく付録に移されたことに加え、身体的、性的、精神的虐待を受けている人には適応してはならないことになった。そして、DSM-Ⅳ以降、この診断名は完全に除外された。

家父長制のもと男性による支配を強制されてきた女性たちの苦悩も、「その女性たちはマゾヒストである」とすることで正当化されてしまう。このように暴力や支配と接する場合において、「ある女性がマゾヒストである」と語ることには、男性から女性への暴力、犯罪、加害、支配を免責するような危険性が含まれており、それゆえ、女性がマゾヒストであると公言すること自体がフェミニストたちの懸念を生じさせる。このような議論を経て、「ある女性がマゾヒストである」と名指すことや、女性自らが「私はマゾヒストである」と語ることは、それが暴力と接点をもつ場合は特に、タブー視されるようになったのである。[9]

しかし、このような言説が規範化されることによって、暴力そのものを求めるマゾヒストたちが不可視化されてしまうことになる。SM実践者でサディストのパット（パトリック）・カリフィアの著書『パブリック・セックス』の日本語翻訳者である東《ひがし》は、八〇年代日本のフェミニストグループにおけるみずからの経験から、フェミニストたちは、「一部の女性の欲望をも、その家父長制を女性自身が内在化させたものと決めつけ、同じ女性までを糾弾するようになってしまった」（東 1998: 396-397）と批判している。当時、東が参加していたコンシャスネス・レイジングのグループにおいてさえ、フェミニストはこうあるべきものという前提があったのである。東は、つぎのように述べている。

実は自分の内心にはマゾヒスティックな欲望がひそんでいるなどと語ったら、なにを言われるかわからなかった。だからわたしはそういったことについては、たとえ聞かれても固く口を閉ざしていた（同前：397）。

この発言は、女性のマゾヒズムはその実践どころか、その欲望そのものまでも否定されるような空気があることを物語っている。もちろんマゾヒズムという言葉ひとつをとっても、その意味は各論者や実践によって異なってくると思われるし、その濃淡も一律ではない。そもそも、ウォーカーやハーマン、そして、ＤＳＭによって示されているマゾヒスト概念は、アメリカおよび日本のＳＭ実践者らが使用している意味とも異なる。保護対象となるＤＶや虐待に見られるようなレベルでの暴力を自ら望むという意味でマゾヒズムという語を使用するのであれば、その語は多くの女性の欲望としては当てはまらないものである。

また、ＳＭ実践者も基本的には同意なき暴力は、ＳＭにおいても避けられるべきものだとしており、バタードウーマンをマゾヒストであるとはしない立場にあることがアメリカＳＭ研究や運動からは読み取れる。[10] さらには、暴力を嗜好するマゾヒストだからといって、どんな暴力でも、誰の暴力でも望み、受け入れるわけでもない。

それでも、事実として（特定の他者の）暴力を欲望するマゾヒスト（女性）は実在する。特に実践的なＳＭ研究の成果は、暴力の行使や他者の支配や従属を全否定してきた人びとに対して、暴力の実践が暴力の受け手によって望まれながら行われることもあるということをわかりやすい形で、しかも、暴力に対する批判を脅かすような形で、突きつけてくるだろう。

坂井はまなは、ＳＭに対する最大の批判は、ＳＭ的な描写のなかで「しばしば表現される男性から女性への暴力や支配が、現実の男女の力関係の反映であり、さらにそれを助長させるものである、というようなものだ」（坂井 2009: 219）と指摘したうえで、つぎのように述べている。

あらゆる関係は力関係から逃れられない。マッキノンやドウォーキンらのように、その力関係は暴力だということもできるだろう。しかし、暴力だからといって、そうした関係すべてを否定してしまうことは、他者との繋がりのなかでの新しい可能性に対して閉ざしてしまうことになってしまう。性は、自己と他者の存在をめぐる一種の暴力だからこそ、社会とは別の関係を作り出し、何かを変えていくポテンシャルを持ちうる、と私は考える。

……問いを開き続け、多様な回路を用意すること、それは理解不可能性への苦痛ではなく、他者との差異を快楽に変えていく過程であるはずである（坂井 2009：244, 247）。

マゾヒストたちの声を根拠として暴力や支配一般を肯定してしまえば、ひいてはＤＶ擁護論に結びつくだろうことは容易に想像がつく。しかし、〈第三者〉から見ればＤＶにしか見えないようなものを欲するマゾヒストたちがこの世界に存在していることは、ＳＭおよびＢＤＳＭ研究[11]、あるいは一部のサドマゾヒズム研究や、ＳＭコミュニティの語りなどによって実証されているように思われる。

暴力や支配への欲望が人びとのなかにまったく存在しないものだと固定化しようとする流れも、大いなる誤りなのではないだろうか。暴力は絶対悪という信念を捨てない限り、暴力や支配を嗜好しているマゾヒストたちの存在を、あるいは、「人びとが実際に支配関係に同意しているという事実、実際にはサドマゾヒズム関係を行わない多くの人びとにも、精神的内面では、支配のファンタジーを活発に働かしているという事実」（Benjamin 1988: 55）を、私たちは不可視化してしまうのである。[12]

註

1 あさみまなの引用箇所以降、この段落までは、（小西 2017: 136-137）を抜粋している。
2 本段落は、（小西 2019a: 33）を抜粋している。
3 本項は、（小西 2019b: 186-188）を抜粋している。
4 拙著『共依存の倫理』（晃洋書房、二〇一七）では、みゆきさんは四〇代の女性Ａさんと記載しているが、論文「親をかばう子どもたち」（『現代思想』vol.47(12)、2019）以降、本人の希望を確認して以上のような仮名を採用している。

5　ここで記されているような見解について上間は、信田さよ子との対談においても話している。対談では、近代家族における女性や子どもへの支配構造に基づいた言葉を奪われるという経験に想いをはせ、虐待の被害者たちに対して家族や親を「捨てちゃえよ」と言っていた自身をふり返り、それに対して「かつて大事にされた時間があった」と主張して家族や親を捨てない子どもたちについて言及している（上間 2021: 306）。

6　本節の薫さんのエピソードは、（小西 2017: 229-233）を一部抜粋している。

7　この会議では、痛みや屈辱によって性的快楽を得るような性的マゾヒズムと、性的というよりも心理的なものであるマゾヒズム的パーソナリティとは区別されていた（Goleman 1985）。前者はＤＳＭ－ⅣやＤＳＭ－５に登録されている。

8　会議に参加したフェミニストは七人で、そのうちの二人がレノア・ウォーカーとジュディス・ハーマンだった。ウォーカーはフェミニストグループの議長を務めた。

9　本項のここまでの記述は、（小西 2021: 120-122）を抜粋している。

10　アメリカのＳＭ実践者らは、「安全、正気、同意」（Safe, Sane, and Consensual ＝ SSC）という三要素をスローガンに掲げている。ＳＭ実践においてこれら三要素が担保することで、ＳＭの実践は犯罪や病理から距離を置き、その実践に眉をひそめる人びとに、自分たちがその実践を選ぶ権利を正当に主張することを可能としてきた（stein 2000：アメリカのＳ／Ｍ実践者であるデイヴィッド・シュタインは、自らの名前の表記を“david stein”と、すべて小文字で行っている。また一人称単数も〝Ｉ〟ではなく〝ｉ〟と小文字を採用している。これは自身がスレイブであるという名乗りと関係した表記だと考えられる）。ＳＳＣというアイディアは、アメリカのＳＭ実践者として著名な、パット（パトリック）・カリフィアの主著『パブリック・セックス』（一九九四）にも顕著に表れている。カリフィアによれば、サドマゾヒズムは「二極化した役割と強烈な感覚をともなう同意からなる活動」

（Califia 1994.: 168）である。S／Mはボトムの安全に配慮したプレイであり、そのためにトップ〔S側〕はプレイに没頭しながらも、「ボトム〔M側〕の限界を十分考慮した上で、それにふさわしいシーンを構築することへの責任」が求められている。ボトムの身体的および感情的な「安全のための責任の半分はトップの肩にかかっている」のであり、そのS／Mシーンが終わったら、「ボトムは、セッションの前の状態に戻らなければならず、ボトムの「自律性はもとどおりにならなければならない」（Califia 1988: 124）。トップの役割を担うことが多いカリフィアは、S／Mを試す過程で、「魂を見失ったことなどない」（Califia 1994: 165）、言い換えれば、正気を失ったことがないと断言している。もしトップが正気を失ったり、技術をもっていなかったりすると、ボトムの安全は保証されないことは想像可能であろう。

11　ＢＤＳＭとは、〈Bondage & Discipline：拘束と調教、Domination & Submission：支配と服従、Sadism & Masochism：加虐と被虐〉の複合語である。

12　この点については、（小西 2021）にて詳しく論じているので参照されたい。また、男性のマゾヒストの語りについては（松沢 2019）、サディスト（の暴力）を欲望するマゾヒストのあり方については（河原 2022）を参照されたい。

第3章

分離とは異なる解決策——DVと修復的正義[1]

一九七〇年代以降のアメリカでは、バタードウーマン運動に始まり、暴力をふるわれている女性を虐待的な関係性から分離することで、女性たちの安全を確保してきた（**Pennell & Francis 2005: 671**）。日本においても二〇〇一年に施行された「配偶者からの暴力の防止及び被害者の保護に関する法律」（以下、DV防止法）以降、加害者を被害者に接近させないための保護命令制度や、一時保護制度およびシェルターの充実・整備をとおして、被害者を加害者から引き離すことでDV被害者を守ってきた。子どもがいる場合は後に面会交流の必要性が生じはするが、DV問題発生当初においては、被害者と加害者との分離に焦点を当てることで問題解決が目指されてきた。第1章で確認したように、児童虐待に対しては、親子分離や一時保護が行われてきたといえども、「将来の家庭復帰に向けて家族統合を目指した支援」が提供されており、「児童虐待とDV被害者支援の最終的なゴールは、家族統合と家族分離とそれぞれ異なる方向を目指しているとも言える」[2]（内閣府男女共同参画局**2021b :78**）。

しかし、第2章で確認したように、DV問題において被害者と加害者の分離政策のみに焦点が当たることによって、救済されるはずの被害者が、さらなる苦痛を感じてしまう場合が見受けられる。被害者のなかには加害者との分離を一切望んでおらず、別れずに暴力から抜け出す方法を知りたいと願っている者が存在する（あさみ **2010: 89-95**）。命の恩人であるはずの支援者たちを裏切り、次第に「加害者」のもとへ帰っていく者が後を絶たない（斎藤 1996: 66-78）。別れることを望んでいなかった被害者たちは、分離を「強要する」援助政策に抵抗する。このような援助への抵抗が生じる理由のひとつこそが、被害者が望まないにもかかわらず、被害者と加害者の分離に焦点を置く解決方針のみが推進されている現状である。

そこで、本章ではＤＶ問題における分離とは異なる解決策を提供している修復的正義の実践について、アメリカの実践を参照しながら検討する。

1　加害者との関係性切断を拒絶する被害者

1―1　ノードロップ政策

アメリカでは、ＤＶ被害者が被害報告を撤回したり、裁判での証言を拒絶したりする例が多発しており、このような問題に対処するために一九八〇年代よりミネソタ州のダルースやカリフォルニア州のサンディエゴをはじめ、いくつかの州でノードロップ政策（No-Drop Policy）が採用されるようになった。

ノードロップ政策下では、たとえ被害者が裁判所に出廷することや被告人に不利な証言をすることを望まなかったとしても、暴力の証拠が存在する場合には、検察官が事件の手続きを被害者の意志に関係なく進めることが許可される。この手続きによる要請を拒否した場合、被害者にペナルティが課せられることもある（Smith et al. 2001: 1-2）。この政策は、DV加害者が被害者に対して、子どもに危害を加えるなどと脅迫して被害報告を撤回させようとしている場合や、第1章で示した諸理由によって被害者が加害者のもとから逃れられないなど、不当な理由から被害報告を撤回してしまう被害者を法的拘束力によって救うことを可能としていると考えられるだろう。

他方、このような政策の下では、分離のみが強調されるDV政策の問題点がさらに深刻化していると考えられる。先述したみゆきさんは、これと類似的な政策（＝被害者が告訴しなくても警察が加害者を訴えることができる政策）が存在する国に住んでおり、その政策下における対応がなされた経験ももつ。

みゆきさんが海外に移住してはじめに交際したのは（交際中に妻子持ちであることが判明した）年上の男性であり、彼とは喧嘩すると殴り合いになるような関係性だった。彼との子どもを妊娠していることが判明した以降のある日、車で移動中に彼と口論になったみゆきさんは彼に車から突き飛ばされ、それを警察に目撃されたことによって彼は警察に訴えられた

（彼はこの事件によってみゆきさんの妊娠を知ることになる。また、資産家だった彼は大金で優秀な弁護士を雇って問題を解決した）。みゆきさんは当時のことを、つぎのようにふり返っている。

警察の人に、あなた大丈夫って言われて、私は大丈夫なんだけど、今妊娠しているからお腹の子どもがどうなっているか心配だって言ったの。そうしたら、これだけ突き飛ばされて、もし子どもが死んでいたら殺人容疑になるんだからちゃんとしなさいって言われてレポートを書いた。私は被害者だったし、警察の人がひどいことをするとか思わなかった。次の日、私の家に彼の車が止まっていることを確認した警察が、家のドアをたたいて「開けろ！」って言ってきたけど、私は開けなかった。すると警察はドアを突き破って入ってきた。それで、この地域の警察は普通じゃなくて、彼にすごい暴力を振るった。妊娠中で、私も普通じゃなかったから、ものすごくビックリした。彼は現行犯逮捕されて、私は「被害者」じゃなくて「目撃者」として警察に連れて行かれた。知識がないから言われるままレポートを書いたんだけど、その時も、自分のことで相手の家庭が壊れるのが嫌とか書いていた。（彼の）子どもは二人とも小さかったし、今は私が身ごもっているし、子どもに悲しい想いをさせたくなかったから事件にしたくなかった。

そしたら、結局マインドコントロールされている彼女の典型的な人だと思われた。だから私の書いたレポートは、警察にとっていいレポートだったと思うよ（小西 2017: 154-155）。

このような状況を考慮するならば、ノードロップ政策のような公的政策としての強制的な介入は、別種の（否定的な意味での）権力を生成してしまうもののようにも思われる。だとするならば、その代替案としてどのような実践が検討されてきたのかを、以下において紹介したい。

1－2　リンダ・ミルズによる問題提起

ニューヨーク大学の「暴力と回復センター（Center on Violence and Recovery）」の設立者であるフェミニストのリンダ・ミルズは、二〇〇八年の著書『Violent Partners（暴力をふるうパートナー）』において、「女性被害者が支配的な虐待者の下で恐怖を抱きながら暮らしているという、現在語られているＤＶ概念は、今日暴力によってもがき苦しんでいるアメリカ人カップルのうち、ごく一部を表象しているにすぎ」（Mills 2008: xii）ず、現行の刑事司法システムは、一部の被害者の救済にしか貢献していないと主張する。

ミルズによれば、現行のシステムが対象としているＤＶ被害者は、ミドルおよびアッパークラスの白人異性愛女性であり、なおかつ、子どもをもっておらず、はじめて警察に通報した時点ですでに虐待者のもとを離れる決心がついている者である。ミルズはこの条件と一致しない者、すなわち、分離政策に対するニーズ外にあるＤＶ被害者たちのための新たな政策が必要であると考えた。つまり、パートナーのもとを離れることを望んでいない被害者のための政策を考える必要性を説いたのである。

　ミルズによれば、警察に通報した女性は、必ずしも夫が逮捕されることを望んでいるわけではない。それどころか、多くの女性は、「彼女たちを傷つけたパートナーとの繋がりを切断することを望んでいない」（ibid.: xii）し、夫の逮捕に拒絶反応を示して加害者をかばうこともある。彼女たちの多くは、ＤＶ支援の標準化された脚本に従うことを拒絶する。また、「親密な二人のあいだに生じる暴力は、ほとんど常にわれわれの許容しようとする範囲を超えた複雑さを有しており、多くの暴力的関係性は標準的な定義にはそぐわない」（ibid.: xiii）。しかし、支援者を裏切って加害者をかばったり、加害者のもとに戻ったりする彼女たちは、支援提供者からすれば恩知らずの被害者（ungrateful victims）であるし、彼女たちのそのような態度は、典型的なＤＶ被害者の態度として、あるいは、バタードウーマン・シンドロームによるものだと一様に理解されてしまう。

有名な実例として、元アメリカンフットボール選手のジム・ブラウンとその妻の例が紹介されている。一九九九年カリフォルニア州ロサンゼルスにおいて、ジムは妻の車を破壊し、彼女を殺すと脅した。妻は近隣の家に逃げ、警察に通報した。オペレーターがこれまでにも夫の暴力があったかと確認すると、妻は「はい」と答えた。しかし、裁判において妻は証言を翻し、夫は自分を殺すと脅してはいないと陪審員に訴え、警察に通報したのは夫が浮気をしたと思ったからだと述べた。このように夫が投獄させられることによって証言を変えることは、多くのDV被害者に見られる。多くの妻にとって愛する夫が投獄され、罰せられることとは受け入れがたいのであり、彼女らは夫が罰せられることよりも夫との関係性を守ることを選ぶのである（ibid.: 38-39）。

また、アメリカの刑事司法システムを経験したサラは、「システムは私を助けるためにそこにあるのだと思っていました。……しかし、そうではなくて、最終的にシステムは私の最大の敵になってしまったのです」（ibid.: 40）と述べる。夫との紛争の末、怪我をしたサラは病院に行ったのだが、サラは病院側がカウンセリングを提供してくれるものだと思っていたし、それを望んでいた。しかし、彼女の前に現れたのは警察だった。彼女は、自分はバタードウーマンではないし、夫もバタラーではないと強く訴えたが、警察の一人に「次回は死ぬ可能性がある」と言われた。夫が逮捕されると告げられたサラは、警察にやめてほしいと懇願した。サラは、夫は新しい仕事をはじめたばかりで、翌朝出張に出かける必要があると訴えた。この仕事は経済的にも家族にとって重要なものであったため、二人はジェフの保釈金として一万一〇〇〇ドルを払うことになった。

数日後、暴力被害のアドボケーターが、サラに連絡をとり、彼女に法的分離（離婚）を視野に入れてシェルターに避難することを勧めてきた。また同日に地方検事からも連絡があった。一連のやり取りの後、ジェフはバタラーのための治療を受けることになり、家族は治療プログラムのために一万六〇〇〇ドル支払うことになった（ibid.: 40-41）。地方検事もアドボケーターも、サラとジェフのようなケースにおいては暴力の除去に成功することはほとんどなく、通常暴力は継続し、結局女性が夫のもとを離れるか、それとも死ぬかという最後を迎えると告げた。サラは、つぎのように述べている。

私は自分では何も考えられないし話すこともできない被害者として扱われました。警察も地方検事も被害者アドボケーターも、明らかに私のことを典型的なバタードウーマンとして見ていたし、そう理解されることで、私の行いも発言もすべて色眼鏡で見られていることは明らかでした。……私がいくら自分の求めているものや家族が必要としているものについて訴えても、誰も聞いてくれませんでした（ibid.: 41）。

ミルズはこのように現行のＤＶ政策によってさらに苦しめられた、あるいは先入観をもってのみしか接してもらえなかった暴力の被害者たちを考慮したうえで、つぎのように述べている。

刑事司法システムは、この社会問題に立ち向かうための唯一の方法にはなり得ない。ほとんど無視されているが、けっして否定できない事実として、暴力的な関係性に巻き込まれているほとんどの人びとが関係性を終わらせることを望んでおらず、パートナーが刑務所に入ることをまったく望んでいない。彼女たちはただ暴力が止んでほしいだけなのである（ibid.: 43）。

ミルズによれば、暴力をふるわれた女性たちは、夫のもとを離れることを拒絶したからといって、暴力の深刻さを理解していないわけではなく、その暴力が再発するだろうということも知っている。しかし、それでも現行のシステムによって関係性を切断されるくらいなら、再度暴力をふるうであろう夫のもとに戻ることを選ぶ。したがって、暴力をふるう夫を逮捕するのとは異なる形式の援助により、被害者女性が暴力から逃れることや、暴力のサイクルを断ち切ることを可能とする新たな道こそ、彼女たちが求めるものであり、それを求める権利が彼女たちにはあるとミルズは考える。

2　DVにおける修復的正義の実践「サークル・オブ・ピース」

ミルズは暴力問題の被害者が関係性の切断を望まないケースについて考察するなかで、修復的正義の理論と実践に注目するようになった。修復的正義の近代的モデルは、主に一九七〇年代より行われた、カナダのオンタリオ州やアメリカのインディアナ州のメノナイト派の多くのコミュニティにおける実践が代表的なものであり、ハワード・ゼアによって広く伝えられた（ゼア 2002=2008: 15）。

ゼアはアメリカ社会が犯罪と正義を応報のレンズを通してみる傾向にあることを批判的に捉え、人びとの関係性を考慮した修復のレンズから犯罪を考慮する必要性を論じた。従来の応報的正義／司法（retributive justice）では、「犯罪は、国家に対する侵害であり、法違反と罪責によって定義づけられる。司法は、体系的規則に従い、加害者と国家との戦いの中で、責任を決定し苦痛を科する」。一方、修復的正義／司法（restorative justice: RJ）では、「犯罪は、人びとやその関係に対する侵害である。犯罪は事態を修復すべき義務を生み出す。司法は被害者、加害者、およびコミュニティと関わりつつ、回復や和解を進め、自信を増進させる解決策を追い求める」（ゼア 1990=2003: 184）。修復的正義は、被害者と加害者の対話、調停サークル、ファミリーグループ・カンファレンスなどの実践によって展開され、応報のレンズからは導き出せない関係性の修復を実現する。

ミルズはDVを扱う修復的正義の理念からなるサークルとして、自身も設立者の一人であり、二〇〇四年に考案されたサークル・オブ・ピース（Circles of Peace, Ciculos de Paz）の調査を進めている。サークル・オブ・ピースは、修復的正義の理念に導かれたサークルの手法が適用された、アメリカ初の裁判所委託によるDV治療プログラムのひとつである（Mills 2008: 224; Mills, Barocas & Ariel 2013: 70; Bacrocas, Emery & Mills 2016: 945）。

このプログラム発足のきっかけは、同じくサークルの設立者であるアリゾナの裁判官メアリー・マーリーが、ミルズの著書を読んで感銘を受け、ミルズに連絡をとったことであった。志を同じくした二人は、アリゾナ州ノガレスの五〇人のコミュニティリーダーと面会し、加害者介入プログラム（batterer intervention program）のオルタナティヴになりうる、この地域に適したサークルプログラムの発足のために努めた（強調すべきこととして、アメリカでは日本と異なり、DV加害者は裁判所委託の治療プログラムへの参加が義務づけられている点がある）。
ノガレスには、ラテンアメリカ系のカトリック教徒でメキシコと密接な関係をもつ者が多く、ノガレスの家族は常にいっしょに過ごす傾向がある。彼らにとって離婚することや、家族が一日や二日以上離れることは好ましくない。したがって、家族分離が根づいていないノガレスのコミュニティにおけるニーズに合ったプログラムが求められていたという（Mills 2008: 223-224）。

このニーズを考慮することで、ミルズとマーリーは、すでに形成されていたピースメイキング・サークル（Peacemaking Circles）モデルをもとに、二〇〇四年にサークル・オブ・ピースを設立した（Mills, Maley & Shy 2009: 147; Mills, Barocas & Ariel 2013: 70）。このプログラムは、アンドラス家族基金、アリゾナ女性財団、アリゾナコミュニティ財団の支援によって成り立っており、二〇〇八年三月にはハーバード大学ケネディスクールにおけるアッシュインスティチュートによって「政府によるトップ五〇のイノベーション」に選ばれた（Mills, Maley & Shy 2009: 129）。

プログラムは、裁判所管轄のもとＤＶ犯罪で逮捕された人が受けることができ、通常、全二六週から五二週で行われる。プログラムにおいて、加害者は「自発性を有し、支援を必要としている志願者（applicant）」、被害者や他のすべての支援者たちは「参加者（participant）」

と呼ばれ、「被害者」や「加害者」というレッテルを貼らないようにしている。参加者はサークルに参加するかどうかを選ぶことができる（Mills 2008: 223）。プログラムには他に、サポーター、このプログラムのために訓練され認可されたプロのファシリテーター、コミュニティのボランティアが参加し、家族における暴力の歴史について対話したうえで、そこに有益な変化をもたらすことが目標とされる（Mills, Maley & Shy 2009: 129）。

裁判長が保護観察局の情報を精査したうえで加害者をプログラムに委託すると、コーディネーターはプログラムに参加予定のメンバー全員との面談を行う。コーディネーターは、この面談をとおして、このケースがプログラムに適切かどうかを判断する。コーディネーターがそのケースをサークルにふさわしくないと判断した場合、事件は裁判所に差し戻され、適切と判断した場合、再度参加者メンバーの審議などがされたうえでサークルが開催される。

ミルズはこのプログラムの実例として、メネンデス家の事例を紹介している（Mills 2008: 227-238）。ロベルト・メネンデスとエレナ・メネンデスは結婚して二〇年の夫婦で、彼らには四人の子どもたち（一四歳、一〇歳、六歳、三歳）がいた。二〇〇五年の夏までまったく逮捕経験がない二人であったが、その夏の夜、ロベルトは予測不可能で驚くほどに暴力的になった。その夜ロベルトは、トラック運転手である友人のジュアンと先に帰宅していた。エレナはジュアンのことをあまりよく思っておらず、彼が夫と若い女性のいるレストランなどで飲み歩いていることから、彼が夫に悪影響を与えていると考えていた。

ジュアンの帰宅後、エレナはロベルトが「低俗な人間」と友情を築いていることに抗議し、その後、夫のことを無視しはじめた。妻に無視されることで不満が増幅していったロベルトは、ビールを何杯も飲んで完全に正気を失ってしまった。警察の報告書によれば、彼はハンマーでダイニングルームのテーブルや椅子を壊した。それを見たエレナは、壊れたテーブルの脚を植物に向かって投げつけ、ポットを粉々にし、植物を根こそぎむしり取った。恐怖にかられた子どもたちの一人が警察に通報したことでロベルトは逮捕され、エレナは子どもたちがいる家に残ることになった。

この事件の数週後、彼らはマーリー裁判官の法廷に訪れた。法廷においてロベルトには、彼が参加すべきプログラムとして、バタラーの回復プログラムと、家族全体が参加できるノガレスの新しいプログラムであるサークル・オブ・ピースとの二つの選択肢が与えられた。エレナも同意する形で、ロベルトは後者を選択した。

メネンデス家のサークルは、ロベルトとエレナ、看護師、ソーシャルワーカー、ロベルトとエレナそれぞれの信頼できるサポーター、ノガレスのコミュニティメンバーのボランティアによって、一回約二時間で行われた。サークルでは、専門家たちによるケース分析（ダイニングルームは家族の象徴であり、ロベルトはそこを破壊することで家族を破壊しようとした等）、〈当人〉たちの真意の告白（ロベルトはエレナにもっと自分のことを気にかけてほしいと何カ月も思っていたし、エレナはロベルトが働いているあいだに寂しい想いをしていた等）、周囲の者による〈当人〉に対する理解の表明をつうじて、〈当人〉同士の関係性の修復や相互理解が目指された。

このサークルは刑事司法プログラムに位置づいているため、基本的に開催地はコミュニティに属する場所で行われるが、必要があると考えられる場合には、〈当人〉の自宅で開催されることもあった。このケースの場合も、第二〇回目のサークルが自宅開催され、そのときは幼い子どもたちもサークルに参加した。たとえば、警察に通報した一〇歳の子どもは、ただ暴力的な父親を止めたかっただけなのに父親が警察に連れていかれてしまったことで、騒動のときよりさらに苦しみ、兄弟たちにも責められ、自分こそが最悪のことをしてしまったと感じていると告白した。兄弟たちは、今ではその子が正しいことをしたと理解していると伝えた。また、夫婦が上手くいかないと、母親が父親を無視し、無視された父親が子どもに自分たちの問題を話し、子どもに母親のもとへ行かせて自分と会話するよう促させることが習慣化しており、それが子どもを傷つけていることも分かった。ロベルトとエレナは子どもたちの気持ちを理解し、彼らに謝罪した。このような修復的正義の理念からなる裁判所管轄のプログラムを通じて、ＤＶ関係を取り巻く人びとは、法に取り締まられながらも分離を推奨されるのではなく、関係性の回復を目指すことができる。

3　DVに修復的正義を適用することへの批判

修復的正義は、犯罪被害者と加害者の関係性修復を目指す理論と実践について探求してきた。ミルズらはこの理論をDV問題に適用してきた。しかし、これまで修復的正義のプログラムでは、女性への暴力問題や児童虐待の取り扱いが控えられる傾向にあった。ゼアは、「修復的正義の実践は、ドメスティック・バイオレンスなどのケースに注意深い安全策を講じないで実行してしまうと大変危険なものになり得る」（ゼア2002=2008: 52）と述べている。彼が懸念するように、修復的正義のDV案件への適用は、多くの研究者によって吟味・批判されてきた。

第一に、修復的正義は、DV被害者と加害者の深刻な力の格差を一層強化するという批判がある。両者のあいだにはそもそも力の不均衡があるため、ミーティングを通じてDV加害者は被害者を責めたり、心理的に虐待したりするかもしれない。その結果、被害者はさらに脆弱になり、被害者の安全が損なわれる恐れがある（Koss 2000: 1338; Daly & Stubbs 2006:

17）。また、虐待者がミーティングにおいて、すぐには他者に分からないような仕方で巧妙に被虐待者を欺く場合が予測される。ＤＶは通常、加害者による虐待行為と謝罪のくり返しによって特徴づけられており、加害者はパートナーや他者を欺くための謝罪の術に長けている（Stubbs 2002: 58）。したがって、ミーティングにおける虐待者の謝罪や改心的発言を信用することには危険が伴う。サークルにおいては良きふるまいをしていた加害者が、ひとたびパートナーが家に帰ってくると、再び暴力をふるいはじめるかもしれないのである（Mills, Maley & Shy 2009: 132）。

他方、修復的アプローチ（特にファミリーグループ・カンファレンス）の視点から見れば、ソーシャルワーカーや警察よりも、拡大家族やコミュニティメンバーのほうが、家族内の力の不均衡が乱用されたときに介入する、よりよい立場にいる。そのような存在がＤＶ加害者の身近にいる場合は、彼らこそが暴力に対する不断の監視を行い、暴力が生じた際に虐待者に強制力を行使し、被虐待者を保護する役割を担うに適している（Braithwaite & Daly 1994: 193-194）。すなわち、従来の司法刑事システムに携わる人びとよりも、修復的正義の理念にもとづくプログラムに参加するメンバーのほうが、ＤＶ加害者の真意を見抜く能力があり、彼らはプログラム終了後もプログラムの効果を継続的なものにしてくれる。したがって、プログラムをつうじて、家族やコミュニティ内において被虐待者は守られる立場になるのである。さらに安全が十分に保障される場所で実践される状況に限って、女性への暴力に修復的実践は適用されているとの指摘もある（Pennell & Koss 2011: 196）。

また、ミルズらは、加害者矯正プログラムによって矯正されたＤＶ加害者と、修復的正義のプログラムで矯正されたＤＶ加害者の再犯率には大きな差がないことをサークル・オブ・ピースの調査から導き出し、修復的正義のプログラムが無意味だという伝統的見解は間違っているとも反論している（Mills, Barocas & Ariel 2013: 65）。

第二に、修復的正義はＤＶ被害者に責任とプレッシャーを強いるという批判がある。修復的正義は謝罪と赦しを重視しているため、被虐待者は虐待者を赦し、和解するようにプレッシャーを与えられてしまう（Stubbs 2002: 58-60）。また、被害者のなかには、効果的に自身の利益を主張する能力がない者や、加害者との面会に嫌悪感を示して国家の介入を求めている者がいる。このような被害者に対して修復的正義は、直接加害者と面会して和解のために話し合うべきという負荷を与える（Koss 2000: 17）。この批判は修復的正義一般へのものと言えるが、ＤＶ被害者と加害者が親密な関係にある／あったことを考えれば、ここで指摘されている被害者に生じるプレッシャーはより強烈なものであると考えられる。

この批判に対してミルズは、サークル・オブ・ピースは、分離も含み、カップルのための新たな解決策を見つけることを試みているのであり、必ずしも和解のみを目指しているわけではないと主張する。サークルに参加したカップルのなかには、もともとは互いのもとに留まるという選択をしていたが、ミーティングをつうじて考えを改めて離婚を決断した者もいる。ミーティングに参加する者たちは、関係性を修復するのみならず、できるだけ温和に関係性を終わらせるためにもサークルを活用することができる。親密な関係における暴力に対する修復的アプローチの核心にあるものは、癒しであり、和解や赦しではないということを忘れてはならない（Mills, Maley & Shy 2009: 135-136）。

第三に、修復的正義は、ＤＶが私的な問題として再び取り扱われることを助長すると指摘されている。この批判は強烈なものである。フェミニストたちは、従来家庭内で隠ぺいされてきた男性の暴力が社会的な問題であると訴えてきた。この訴えが社会的な声をもつことで、親密な関係における暴力問題は犯罪化され、処罰されるようになった。修復的正義は、ＤＶを特定の個人や家族の問題として捉えている側面があるため、このようなフェミニストたちの仕事を無効にしてしまう恐れがあるのだ（Curtis-Fawley & Daly 2005: 625-626）。また、フェミニストたちの声を受け、国家はＤＶを犯罪として取り締まることで、そのような行為がコミュニティ規範に違反することを認めてきた。修復的正義は、個人の声を重視することで、国家が法的拘束力をもってＤＶを規制することを放棄させようとする。このことは、政府にはＤＶに対する責任を担う必要がないといった結論を導きかねない[3]（Mills, Maley & Shy

2009: 136)。

これに対してミルズは、刑事司法システムが社会的な声だけに耳を傾け、被虐待者が虐待者を罰することを望む場合にのみ機能するという前提こそが見直されるべきであると考える。彼女によれば、修復的正義は刑事司法システムと断絶したものではなく、むしろ近い関係にある。たとえば、サークル・オブ・ピースにおいて、プログラムに参加する犯罪者は地方裁判所から委託されるし、サークルの詳細は裁判官に報告しなければならない(ibid.: 136)。修復的正義は、刑事司法システムを放棄しているというよりむしろ、既存の刑事司法システムにオルタナティヴな視点を付与することで、特定の家族や個人の問題にも国家の管轄下で対処しようとしているということである。

ミルズをはじめとするニューヨーク大学の「暴力と回復センター」のメンバーは二〇二三年現在も精力的に研究を続けており、サークル・オブ・ピースの有用性を示す研究成果を継続的に公表している。近年は、修復的正義と加害者介入プログラムを組み合わせた修復重視型実践(restorative-informed practice : RP)にも着目している(Mills, Barocas, Butters & Ariel 2019)。ミルズは修復的正義の実践の長所のひとつとしてDV治療への参加を希望する被害者に対応できることをあげているが、彼女も関与するアリゾナ州をはじめとするいくつかの州では加害者の治療がはじまった当初から被害者がプログラムに参加できることや、ユタ州をはじめとするいくつかの州では加害者のみの治療期間を経たうえで被害者がプログラムに参加できるようになっていることを紹介している（ibid.: 1287）。

ミルズらは、アリゾナ州ノガレスのみならず、ユタ州ソルトレイクシティでもサークル・オブ・ピースの実践について調査しており、その調査を通じて、加害者介入プログラムとサークル・オブ・ピースを組み合わせることにより、加害者の再犯率が減少することや、再犯が生じたとしてもその被害がより軽度のものになるという研究成果を報告してもいる（ibid.: 1290）。また、ミルズらは、アメリカの一部の州以外にも、ＤＶ事件に修復的原則を適用する関心が高まっている国や地域として、オーストラリア、カナダ、ニュージーランド、ノルウェー、南アフリカをあげている[4]（ibid.）。

このようにＤＶに対する修復的正義の適用は、様々な批判や危険を考慮したうえで、一部の州や地域で実践や調査が試みられており、今後の成果報告が待たれている段階にあると言える。ミルズが指摘するように、アメリカにおける修復的正義の実践の考察は、ＤＶにおける分離以外の解決方法についてひとつのモデルを提唱し、分離政策に対するオルタナティヴを熟考するための道筋が示されることが願われる。

4　日本の現状と今後

修復的正義のプログラムは、少年犯罪や、いじめをはじめとする学校教育における諸問題などに対して、日本でもその実践が行われてきた。しかし、ここまで見てきた批判点や懸念点を理由として、日本においてＤＶに修復的正義のプログラムは適応されていない（宿谷 2010: 66）。この傾向は私の知る限り二〇二三年現在も変化していないように思われる。

他方、近年の動きとして（決して十分な状態とは言えないが）日本におけるＤＶ加害者プログラムの実践や研究が注目されるようになってきている。内閣府男女共同参画による「令和２年度「配偶者暴力に係る加害者プログラムに関する調査研究事業」事業報告書」[5]によれば、平成一七年度の報告書において「国が任意参加による加害者更生プログラムについて本格的な関与を行うことは、現時点においては、その条件が整っていないと言わざるを得ない」と主張された経緯があるが、その後、「暴力の被害者自身の「パートナーに暴力をやめてもらいたい」といったニーズへの対応の必要性に関する認識の高まりと相まって、被害者支援の一環として、新たな枠組みの中での加害者対応が求められるようになった」（内閣府男女共同参画局 2020: 5）という。

本調査では、地方公共団体および民間団体（加害者プログラム実施団体および被害者支援団体）を対象として調査を実施し、「加害者更生にかかる取り組みへのニーズや取り組みの実態等」（同前：5）がまとめられている。プログラムの目的は、「加害者に自らの暴力の責任について認知させ」つつ、「暴力的・支配的な態度をとることなく人と接することのできる、脱暴力の到達・維持」という意味での行動変容をさせることにあり、その目的は「関係修復」ではないと記されている（同前：46）。

日本において加害者プログラムは、「令和二年度「配偶者暴力に係る加害者プログラム等に関する調査研究事業」報告書」のための検討会の座長を務めた中村正や、この分野の草分け的存在と評される草柳和之、さらには、信田さよ子をはじめ、有識者によっても検討されてきている（内閣府男女共同参画局 2020; 信田 2022）。近年、刑務所内で加害者らを対象に行われる治療プログラム、プリズン・サークルの実践も注目を集めている（坂上 2022）。

アメリカにおけるDV事件の修復的正義の実践は、加害者プログラムが根づいた状況において、そのプログラムが満たせていないニーズを補うためのオルタナティヴとして誕生した背景があり、さらに現在の動向としては、加害者プログラムと修復的正義のプログラムのハイブリッド式であるプログラムのあり方への期待も高まっている。アメリカモデルを参考にするならば、まずは、加害者プログラムの検討や普及が望まれ、それと共存するものとして修復的正義のプログラムを提唱するという方法があるのかもしれない。

他方、日本における加害者プログラムの受講は任意であり、アメリカのように裁判所委託によって強制力のあるものとしてなされているわけではない。そのため、「被害者が加害者の強い心理的・物理的抑圧もしくはコントロール下にある場合や、加害者に自身の暴力行為についての認知が全くない場合など、リスクが高い加害者ほどプログラムに繋がりづらい」(内閣府男女共同参画局 2020: 47-48)という問題点が指摘されている。この点に関しては、DV加害者は処罰される「犯罪者」というだけでなく、治療を必要とする「患者」として扱うことをどのように考えるかを慎重に検証したうえで、その是非が問われるべきだろう。

また、加害者はお金を払って治療プログラムに参加するのであり、そのプログラムが強制力をともなう場合は、被害者のなかには、この支出こそが罰であると考える者もいる(Mills, Maley & Shy 2009: 137)(ただし、1節で紹介したサラのようなケースから再考すべきことはあるだろう)。このことは加害者プログラムおよび修復的正義のプログラムのどちらにも言えることだが、加害者を取り巻く関係性も修復の対象としている家族カンファレンスやサークルの手法は、福祉や臨床心理の領域における家族療法を彷彿させる。このように司法制度のなかに臨床心理的領域の治療問題を内在させることの是非に対しても議論を要するであろう。

　ミルズが挙げたＤＶ事例からも分かるように、修復的アプローチに適しているＤＶ案件は、被害者の生命の危険が差し迫っているような一刻を争うような状況をもったものではないということは、注視すべきである。ミルズの事例は、アメリカでは逮捕・処罰の対象になるが、ＤＶ防止法による国家的な介入において「生命の危険」の有無が問題となる日本においては（警告の対象になることはあるが）法的処罰の対象となるよりも、むしろ社会福祉や臨床心理の管轄において対処されるものになる可能性も高いのではないだろうか。

　以上の点を考慮するならば、日本においてはまず、（現状において）裁判所管轄にない加害者プログラムと対をなすような修復的正義のプログラムの実現が考えられるべきところなのかもしれない。

　本書でここまで見てきたように、ＤＶ関係にある被害者が加害者と離れたくないというケースが多数存在することは明らかである。だとするならば、まずは地方自治体や民間団体などから、修復的正義やそれに類するプログラムの試みが少しずつでも検討されはじめることには大きな意味があるように思われる。少なくとも、このような対応がこの世界に存在するということが周知されることは、暴力関係のなかで苦しむ人びとのうち、相手との関係性を継続させたいと思っている人にとって、小さな希望となるのではないだろうか。

註

1　第3章は、（小西 2016）を加筆修正したものである。

2　児童虐待ないし児童福祉における修復的正義の実践に関する日本語で読める文献は少数であるが存在する。ただし、それらは、修復的正義そのものというよりも、その理念と親和性があるものとしての実践が中心として紹介されているように思われる（小長井 2010; Carmpton & Rideour 2011）。また、たとえばアメリカのような、児童虐待が発見された場合に子どもを家族から引き離し里親や養子縁組が推奨されている国における児童虐待に対する修復的正義の適応と、それらの制度がそこまで一般的な存在感をもっていない日本では、修復的正義を提唱することの意味も変わってくるだろう。たとえば、二〇〇五年の時点で、アメリカにおいて幼少期に児童虐待が発見され里親に委託された場合、その六〇パーセント以上が養子縁組されているという報告（Wulczyn et al. 2005）や、子どもを里親に預けずに家族を集中的にケアすることで家族維持を促す必要性を推奨している研究（Nelson et al. 2009）がある。

3　さらに言えば、DV案件への修復的正義の適用は、男性優位からなる異性愛主義を助長していると捉えることもできる。この適用が、DVを社会的問題から私的問題へと後退させてしまうという批判からも明らかであるように、暴力をふるわれても虐待者のもとに戻り、虐待者や虐待者との関係性を治療／ケアすることを望む女性の在り方を是認することは、バックラッシュにつながるとも言える。ミルズが自身をフェミニストであると認識していることからも明らかなように、ここには異なる層にあるフェミニスト同士の深刻な衝突が存在する。

4　これらの国や地域を紹介するにあたって提示されているミルズが関与するもの以外の参考文献は、Pennell & Burford. 2000; Braithwaite, 2006; Van Ness 2002; Dissel & Ngubeni 2002である。

5　これまで内閣府が行った調査研究は「加害者更生プログラム」という名称を用いてきたが、「更生」という言葉が被害者に過度な期待を抱かせる危険性を懸念して、二〇二〇年度（令和二年度）調査より「（ＤＶ）加害者プログラム」という名称が用いられることになった（内閣府男女共同参画局 2020: 6）。

第4章

暴力的な存在と社会的排除——トルーディ事件を考える[1]

第3章では、暴力を取り除くことで、家族の解体を防ぐあり方のひとつについて検討した。しかしながら、世の中には、暴力を完全に取り除くことが困難な場合もあることが想定される。

そのような視野のもと、第4章では、自閉症の子どもの母親であるトルーディと、その息子スカイの事件について検討したい。スカイの暴力によって殺害されてしまったトルーディがこの事態を予測して残した手紙・エッセイ・自閉症に関する論文、そして、事件後に公開されたエピソードや証言を通じて、トルーディが愛するスカイのために命を賭して奮闘し、訴えてきたものにできるだけ近づきたい。そうすることで、社会的包摂を唱えている社会システムが正当化しうるような社会的排除の姿、すなわち、スカイのような攻撃性をもつ人や、トルーディのような攻撃性をもつ人と共に生きようとする人に対する排除の姿も浮かび上がってくるだろう。

1 トルーディ事件[2]

To whom it may concern:

If this letter has been opened and is being read, it is because I have been seriously injured or killed by my son, Sky Walker. I love Sky with my whole heart and soul and do not believe he has intentionally injured me. I have tried my best to get help for him and to end the pattern of violence that has developed in this home. I believe my best has not been good enough. That is my fault, not Sky's. Numerous people know about the violence and many have witnessed it. We have all failed Sky. I do not want him to be punished for actions for which he is not responsible.

Trudy Steuernagel.（Connors 2009）

関心をもってくださるみなさまへ

　この手紙の封が開けられ、読まれているということは、私が息子のスカイ・ウォーカーによって深刻な傷害を負わされたか、殺されてしまったということでしょう。私は心からスカイを愛していますし、スカイが故意に私を傷つけたわけではないと信じています。私は彼を助けるために、そして、この家で起きている暴力のパターンを終わらせるために最善を尽くしてきました。精一杯やってきましたが、それは十分ではなかったのだと思います。それは私のせいであり、スカイのせいではありません。多くの人が暴力のことを知っていますし、多くの人に目撃されています。私たちはみな、スカイを助けることに失敗したのです。私は、彼に責任のない行動によって、彼が罰せられることを望んでいません。

トルーディ・シュトイアナーゲル（Connors 2009）

この手紙は、自閉症の息子、スカイ・アボット・ウォーカー（事件当時一八歳）の暴行によって亡くなった母親、トルーディ・シュトイアナーゲル（享年六〇）が生前に残した手紙である。この手紙がいつ書かれたのかは誰も知らないが、二〇〇八年の春、トルーディは元夫のスコット・ウォーカーにこの手紙を読み上げ、亡くなるまで金庫に保管していた。

二〇〇九年一月二九日、アメリカのケント州立大学の教授だったトルーディは、彼女が受けもっている授業に現れなかった。自宅捜査が行われた結果、スカイの暴力によって瀕死の状態で倒れているトルーディが台所で発見された。トルーディは八日後に亡くなった。

トルーディは政治学を専門とする研究者で、当時ほとんど研究されていなかった自閉症政策分野のパイオニア的存在だった。息子のスカイは、母親であるトルーディにたびたび暴力をふるっていた。それにもかかわらず、シングルマザーだったトルーディはスカイと二人で暮らし、最後にはスカイに殺害されてしまったのだった。

この大学教授の母親と攻撃性をともなう自閉症の息子の事件は、トルーディが亡くなった翌日の二〇〇九年二月七日に、オハイオ州の新聞『プレーン・ディーラー』に掲載された。この記事では、ケント州立大学教授のトルーディが自閉症の息子に暴行されて死亡したことや、その息子が母親の殺人容疑と補佐官への暴行容疑で逮捕されたことが報じられた(Sangiacomo 2009)。

はじめの記事からおよそ一〇カ月後の二〇〇九年一二月二日、『プレーン・ディーラー』はトルーディとスカイの事件に関する詳細な記事を発表し、トルーディが残した手紙を公開した。事件当初、トルーディの家族は、〈第三者〉にその手紙を公開しないという決断を下していた。スカイの弁護士たちは、この手紙が自閉症の偏見を助長し、トルーディの印象を悪くしてしまうと言っていた(Connors 2009)。

しかし、この事件が報道されることで、自閉症者のなかには攻撃性を有する者がいることが暴露されることになった。おそらく自閉症のスティグマ化を避けるために、それまでこの傾向性について積極的に公開されてこなかった。トルーディの親戚を含み、多くの人びとが自閉症者の攻撃性についてほとんど聞いたことがなかったのである。

作家のアン・バウアーは、トルーディとスカイの事件に触発されて、二〇〇九年三月六日に「息子のなかのモンスター」というエッセイをウェブ上に掲載した。バウアーは、自閉症の息子の暴力に苦しんだ経験と、息子を施設に収容することを決めた苦渋の決断について記すことで、不可視化されている自閉症者の家庭内暴力に対する沈黙を破るように訴えかけた（Bauer 2009）。オンライン上では、多くの両親たちが彼女に同調した。一方で、この記事は、自閉症者を暴力的な「モンスター」と表現しており、乏しいデータによって自閉症者への偏見を助長させるものだと非難されてもいる（Simplican 2015: 218）。

さらに、なぜトルーディはスカイを施設に預けることで、自らの身を守らなかったのかという批判が突きつけられた。多くの人は、「なぜ賢く、有能な女性が、自身の安全を犠牲にしてまで息子を家においておいたのかという困惑」（Connors 2009）を抱くこととなった。メディアでは、スカイの暴力行為を非難する人に加えて、他の人の助けを借りずにスカイをケアしようとしたトルーディの判断に対して巧妙な仕方で疑問が投げかけられた（Allen 2017: 68）。

このようにトルーディとスカイの事件をはじめ、それに類似する事件は、自閉症者の依存問題の責任を「モンスター息子」と病的な「悪い母親」に押しつける傾向にある（ibid.: 64）。

母親のケア提供を補うためのより良い公的資源の必要性を指摘するものもいくつか見られたが、それより頻繁に、そのような事件をつうじて人びとは、単に自閉症、母性、またはその両方を病理化したのである[3]（ibid.: 69）。

事件のおよそ一〇カ月後、トルーディの家族は彼女が残した手紙を公開しないという決断を改めた。取材においてトルーディの弟のビルは、つぎのように述べた。

　私は姉をよく知っています。……トルーディはこの手紙を読ませるつもりだったんです。

そう言ったビルは、トルーディの言葉に集中し、涙をながし、つまりながら、声に出してその手紙を読み上げたのだった（Connors 2009）。

＊

一九九〇年一一月九日、スカイはトルーディとスコットの息子として生まれた[4]。スカイは九カ月で歩いた。一〇カ月で単語が言えるようになり、アルファベットを理解し、文字が読めるようになった。一歳になる前には数字を学び、足したり引いたり数えたりできるようになった。しかし、そこでスカイの発達は止まった。

スカイは自閉症だろうと医師に言われても、トルーディとスコットはなかなか認めることができなかった。スカイは他者に愛着を示し、自分たちを抱きしめることが大好きだったからである。しかし、三歳になるころには、スカイの発話の問題から、二人はスカイが自閉症と診断されることを拒絶するのをやめるようになった。その他のことに対してスカイはとても賢かったので、トルーディとスコットはスカイに発話の遅れがなければ、スカイが自閉症であると疑うことはなかったという。

四歳のころ、特別支援学校の先生から、スカイには攻撃性の問題があると伝えられた。トルーディとスコットは、その攻撃性が子どもとしての症状なのか、それとも自閉症の症状なのか思い悩んだ。スカイが五、六歳の頃、スカイが遊んでいる別室から、何かが落ちたか壊れたかのような大きな衝撃音が聞こえた。二人が部屋に行くと、そこには制御不可能なほどに泣きじゃくっているスカイがいた。「何があったの、スカイ?」「何か困っていることがあるの?」二人はたずねた。スカイは泣きじゃくり、体をうねらせ、話そうともがいていた。やっとのことでスカイは、「ぼく。もってない。言葉」と言った。

スカイが小学生になったとき、トルーディとスコットは、学術的にも社会的にもよりよい環境と思われる通常学級でスカイが過ごすための支援を得るために、ケント州の公立学校システムと闘った。スカイが通常学級で過ごすためには、フルタイムの補佐が必要だった。

スカイが九歳のころには、トルーディとスコットは別居するようになった。スコットはその理由について話したがらなかったが、その理由がスカイにあったわけではないと言った。一方、スカイに対するトルーディとの意見の不一致が余分なストレスとなっていたとも述べている。

一三歳になったスカイは、攻撃性の上昇が見られたために通常学級から外されることになった。スカイは学術的には進歩していたものの、学校で適切にふるまうことが困難になりはじめていた。その頃、トルーディの親密な友人の一人であるアイリーン・バーネットは、スカイが母親を傷つけていることに気がついた。

　トルーディは私に何か話すことを禁じました。……もしトルーディの望みを尊重しなければ、私たちの友情が終わるだろうということは分かっていました。彼女の忠誠心は一〇〇パーセントスカイへと向けられていました。

　……トルーディは、いつの日かよい薬の組み合わせが発見され、スカイのホルモンの急上昇が抑制され、攻撃性がおさまるのだと信じていました。……彼女はスカイをどの施設にも入れたくなかったんです。彼女は施設には多くの虐待があり、スカイは言葉をもたないために簡単に被害者になってしまうと言っていました。

トルーディはアイリーンに対して、スカイはよい医療ケアを受けていて、医者は向精神薬を試していると伝えていた。スコットはトルーディにスカイを居住施設に入所させることを検討するように強く勧めていたが、その話をするとトルーディは口を閉ざしてしまうのだった。トルーディの父親が関連施設に勤めていたという背景があり、マリーベス、トルーディ、ビルの三人の子どもたちは、一九六〇年代の夏にティーンエイジャーとしてそこで働いたことがあった。トルーディの施設に対する否定的な見解は、その経験から形成されたのではないかとビルは考えている。

二〇〇四年、スカイが一四歳のとき、スコットは家庭医療の実習のためにウィスコンシン州の小さな町に引っ越した。二年後の二〇〇六年、トルーディとスコットは離婚した。トルーディとスコットは共同親権を維持した。スカイは毎年夏に五週間、そして、時折、週末にもスコットのもとを訪れたが、残りはトルーディと二人きりで生活することになった。トルーディは特別なニーズをもつ子どものシングルマザーとなったのである。

トルーディはスカイの日々の細かなルーティンを成立させるためのサポートに全力を尽くし、何とか生活を成り立たせようとしていた。アイリーンの他に、数人の友人や家族メンバーが、トルーディの打ち身や目の周りのあざを目撃していた。それについてたずねても、トルーディは「水泳で頭をぶつけたの」などと弁明した。

二〇〇八年三月二七日、トルーディは、スカイの暴力が深刻化したため、ケント州立大学の学生新聞『ケント・ステイター』にエッセイを掲載した。

ここ数年のスカイとの生活は私たち二人にとってとても孤立したものでした。スカイにとって過剰な負担となってしまうので、私たちは出かけることも、かつて好んでしていたこともできなくなりました。ほとんどの時間、私たちはこの家のなかにいるのです。……スカイが学校にいるわずかな時間のなかで、授業で教えたり、家庭を切り盛りしたり、すべてを調整したりしようとすることで、私の生活は圧迫されています。悪い日には、この数時間が、数分になりうるのです。私は身体的にも感情的にも誰ともいっしょにいないので、誰とも友達になれませんでした。私は自分たちがどれほど忙しいかと言ってくる善良でまともな同僚たちに我慢なりませんでした。忙しい？　クローゼットのドアに背を向けてそのなかに座って夕方を過ごしてみなさいよ、あなたの子どもがドアを蹴り破ろうとしているあいだ、そのドアが開かないように押さえてみてごらんなさいよ。

同僚たちは困惑したが、誰にも何もできなかったと学部長は言った。ケント州立大学の教員で女性学の専門家でもあるモリー・メリーマンは、トルーディはスカイからDVを受けているのだと納得させようとした。しかし、トルーディはスカイが変わることを信じていたという。

二〇〇八年五月には、スカイの暴力は学校が警察や救急隊を呼ぶほどに凶悪なものになっていた。車のバックシートでトルーディを暴行しているスカイを、警察官が目撃したこともあった。学校は、介入のための計画について話し合うために、トルーディに電話をかけた。その後、トルーディは、学校管理者が言ったことの多くに異議を唱える二ページに渡る手紙を書いた。そこには、スカイが手をつけられない状態になったときの学校の解決策は、多くの場合、スカイを家に連れて帰るために自分に電話することだったことや、スカイがどのような状態であろうと自分はいつもその要請に応えてスカイを家に連れて帰っているではないかということが書いてあった。

二〇〇八年六月、スカイがスコットと彼の新しい家族と過ごしているとき、スカイの攻撃性が爆発した。スカイは家具や鏡を壊し、スコットにも襲い掛かった。スコットはアチバン薬でスカイを鎮静化させ、翌朝には大学病院の自閉症ユニットに連れていき、スカイのための居住施設がないかたずねた。病院はクリーブランドにある攻撃性をともなう自閉症成人の経験のある施設を勧めたが、トルーディはスコットと見解を異にし、怒ってスカイを病院から連れて帰ってしまった。

その年のサンクスギビングの日、トルーディは弟のビルにスカイの暴力を打ち明けたが、それでも「何とかできるわ」と言っていた。しかし、クリスマスのころ、トルーディが助けを必要としていると感じたビルは、トルーディをたずねた。スカイはクリスマスまで精神状態がよかったが、クリスマスプレゼントをもらい過ぎたこと（トルーディからすれば、おそらくビルがスカイに贈ったプレゼントが余分であった）をきっかけに、スカイのルーティンが大きく崩れ、彼の状態は悪くなった。ビルは暴力について再度言及し、危険ではないかとたずねたが、トルーディは「大丈夫」と答えて話を変えてしまった。

そして、その翌月の二〇〇九年一月二九日、スカイに暴行されたトルーディは瀕死の状態で発見された。トルーディはスカイをケアし続けることができないとわかっていたため、スカイの住む場所を探してもいたというが、トルーディにはその場所を発見することはできなかった。

しかし、実は、トルーディが気に入った施設がひとつだけあった。それはトルーディの親族（姉や姪）が近くに住んでいるバージニア州シャーロッツビルにある私立の施設だったという。ただし、その施設は、入所費として約五万八〇〇〇ドル、毎月約三〇〇〇ドルの支払いを必要とする施設だった。さらに大きな問題は、スカイの怒りがコントロール可能にならなければ入所できないということだった。また、トルーディはスカイの学校卒業後の人生も検討していた。ポーテージ郡発達障害者委員会のケースワーカーに相談し、保護施設で従事する（スカイが好きな）清掃の仕事を探し当ててもいたという。

事件後、法的には成人だけれど機能的には子どもだと判断されるスカイの処分について検討されるあいだ、スカイはポーテージ群の刑務所に収監され、その後陪審員によって殺人容疑で起訴された。トルーディの家族は、精神医療事件を専門とする弁護士をはじめとする数名の弁護士を雇った。スカイを鑑定した二名の心理学者は、スカイが自閉症であり、裁判に参画する能力はなく、この先もこの能力が回復する見込みはないことに加え、知的障害があるという新たな診断名を付加して報告した（ただし、ビルは、スカイの機嫌のいい時間、つまり、八〇パーセントの時間においてスカイはとても賢いため、トルーディは知的障害という診断を決して受け入れなかっただろうと述べている）。

そして、その年の九月一四日、トルーディの血液とスカイの足に付着していた血液のDNAが一致したことなどを証拠に掲げ、スカイは母親を殺害したと裁定された。スカイには裁判を受ける能力がなかったため、判事はスカイに北西部オハイオ州発達センターへの残留を命じた。裁判所が彼を釈放することはないであろうことから、この命令は実質的な終身刑を意味していた。
北西部オハイオ州発達センターには広々とした芝生や野外遊具、九棟のコテージがあり、一六二人が入所可能である。スカイはそのなかの施錠された施設を使用しており、ときどき他の入所者と交流することがある。スカイには常に二人の補佐官がついている。そして、彼の暴力は続いているという。来客の面会は可能であり、父親や親戚が会いにくることもある。

スカイは自分の母親に何が起こったのか知っているだろうか、あるいは、なぜ母親が自分の人生の一部にもはや存在しないのか理解しているだろうかとビルは疑問に思った。補佐官によれば、スカイは「ママ死んだ」と幾度かつぶやいていた。スコットの三度目の施設訪問のとき、スカイは泣きそうになりながら「ママを叩かないで」とか「スカイごめんママを叩いた」と何度も言っていた。ある日、スカイがスコットに「ママがほしい」と言ってきたので、スコットはスカイに「ママはきみのことをとても愛しているんだよ」と言った。

トルーディはケント州のスタンディングロック墓地に埋葬されている。トルーディの墓石には見開きの本が彫刻されていて、左側のページに「ママ／ガートルード・トルーディ・シュトイアナーゲル／一九四八年八月二五日／二〇〇九年二月六日」と記されている。向かい側のページには「息子／スカイA・ウォーカー／一九九〇年一一月一五日」と刻まれていて、いつかスカイがトルーディと共に眠る日のために空白が残されている（Connors 2009）。

2　トルーディの真正性

2-1　トルーディはどうして問題視されたのか

周囲の人びとがトルーディにスカイを施設に入れることを何度も勧めていたことからも明白であるが、ケアされる人が攻撃性をもっている場合や、病のための行動が予測不可能なものだと考えられる場合は、施設収容や専門病院への入院の対象となる。トルーディが亡くなった後にも、トルーディはスカイを施設に入れるように然るべき場所に要請するべきだったとケースワーカーに語られるほどである（Connors 2009）。

攻撃性をともなう危険な存在は、家族のケアから切り離し、施設に収容することが求められてきた圧倒的な傾向性がある。現在、日本でも脱精神病院化や地域移行支援の必要性が唱えられているが、その実現困難性を問う以前として、そこで対象となっているのは、入院の必要がありつつも「不当」に入院させられてきた患者であることが圧倒的多数であろう（古屋 2015）。攻撃性をともなう依存者が収容の対象になるのは、家族や地域の秩序・安全な暮らしを守るという目的がある。

一方、攻撃性をともなう家族メンバーをケアすることから解放されるのを望むのではなく、自ら進んでケアすることを望んでいる人が事実として存在する。それはもしかしたら、家父長的で抑圧的な義務感を反映したものかもしれない。トルーディのようなケアのあり方を受け止めることが転じて、トルーディのようなケアこそが推奨されるべきものであるとするような見解が形成され、それがケア提供者搾取の文脈で悪用されることもあるかもしれない。それは女性にケアを押しつけるような社会問題や、ケアにまつわる神話、そして、ケアする人がケアされる必要性の不可視化につながるかもしれない。攻撃性をともなう依存者に対し、「自らの人生（時に生命）を犠牲にするほどにケアすることを望み……施設に入れることを拒絶する者は、自らの安全確保を放棄しており、自己犠牲を伴う過剰なケアを行う者として問題視されうるだろう」（小西 2019c: 24）。

攻撃性をともなう依存者を施設に入れず、自分の限界を超えて「ケアしすぎた」トルーディは、「過剰なケア」を行い、ケアそのものに失敗した存在として解釈されてしまう。確かにトルーディはスカイのケアに専心していたかもしれないし、それが彼女の死を引き起こしたことは否定できない。二者間における閉じたケア関係は、ケア提供者にとっても、ケアの受け手にとってもよくないものだとして、しばしば問題視されている。

しかし、トルーディとスカイの事件をそのような視点からのみ捉えるべきなのだろうか。トルーディを病的で過保護な母親と見なすまなざしからは、彼女が何に奮闘していたのかまったく見えてこない。そうではなくて、トルーディがスカイのような依存者を救うには何が必要であるか全力で考えた軌跡を追うべきではないか。トルーディには、「スカイといっしょに暮らすか、スカイを施設に入れるか」という二つの選択肢しかなかった（Simplican 2015: 221）。その選択肢に収まりきらない道が模索されるべきであろう。

2－2 トルーディ・シュトイアナーゲルの論文

トルーディ・シュトイアナーゲルは、二〇〇五年に出版された論文「自閉症スペクトラム障害と特定された症例の増加――政策的影響」にて、アメリカの自閉症政策について論じ、その政策への貢献を目指している。[5] ここからは、トルーディとスカイの事件と照らし合わせるにおいて重要な点について指摘する。

まず、シュトイアナーゲルは、障害学における二つのモデル、すなわち、障害の原因を個人のインペアメントに見いだし、それを治療することに重点をおく医療モデルと、インペアメントをもつ人びとは社会によって無能力にされているためディスアビリティは社会によって生み出されているとする社会モデルについて概観した。そのうえで、そもそも社会モデルは、医学研究を停止すべきと言っているわけではないことや、ヘルスケア、教育、職業訓練などの分野で専門知識をもつ人びとに役割がないと示唆しているわけではないことを確認している（Steuernagel 2005: 140）。

しかし、社会モデルにならって、自閉症自体が障害を引き起こす条件ではなく、社会が自閉症の人びとの障害を構築していると考えるならば、たとえば、自閉症を根絶するためよりも、自閉症児の特定の教育的ニーズを理解するために資源を費やすだろうと述べ、教育政策の不十分さを指摘している。社会モデルにならえば、自閉症は「治す」必要があるのではなく、社会が価値を認め、適応する必要がある異なる生き方であることを理解しなければならないのである（ibid.: 141）。

このようにシュトイアナーゲルは、社会モデルを推奨しているように見えるが、その問題点も指摘している。社会モデルは、障害のある人びとのエンパワーメントと、障害のある人びとが自分で話す権利を強調しているが、自閉症の人のなかには、自分で話すことができない人もいる。かりに政策立案者が、障害者の声に耳を傾け、そのための政策を制定したとしても、それは一部の声を発する能力のある人たちに応えたものであるにすぎず、そのことが皮肉にも自分たちのためのニーズを表明できない自閉症の人びとの問題を不注意にも排斥してしまうだろう（ibid.: 141）。このような指摘を行ったうえで、シュトイアナーゲルは、自閉症政策の将来に対して、つぎのような見解を示している。

第一に、最良の情報が提供されることの重要性を主張している。たとえば、自閉症コミュニティの多くが製薬会社を批判しているにもかかわらず、「自閉症を治すわけではないが、攻撃性や強迫行動を含む自閉症の症状の治療において、一部の薬が効果的であるという証拠がある」[6]（ibid.: 144）。そのような治療に対する適切な情報が提供されるべきであるし、さらに現状では治療へのアクセスが制度として保証されていないことも問題視されなければならない。

第二に、大学が教師を目指す人びとに訓練過程を提供し、学区が教師に現職教育／社内研修を提供することの重要性を指摘している。この訓練は、自閉症児の学習スタイルと行動上の課題に焦点を当てる必要があり、特別支援教育を受けもつ教師だけでなくすべての教師に拡大すべきである。自閉症の子どもを通常学級で教育するようなインクルージョン教育は、一部の人にとってはうまくいく措置であるが、教室内の教師が、これらの自閉症の生徒のための個別の教育計画を展開し、実行する準備をしない限り成功しない[7]（ibid.: 139）。

第三に、学校卒業後の自閉症者へのサービスの必要性を訴えている。アメリカでは二〇〇五年現在かろうじて、学校システムをつうじて自閉症児へのサービスが提供されているが、その子どもたちが学校を卒業した後いかにしてサービスを提供するかという課題がある。し

chikuma primer shinsho

ちくまプリマー新書《さいしょのしんしょ》

★11月の新刊 ●9日発売

439
勉強ができる子は何が違うのか
心理学者 **榎本博明**

学力向上のコツは「メタ認知」にある。自分自身を客観的に認識する能力はどのようにして鍛えられるのか？勉強ができるようになるためのヒントを示す。

68464-6 880円

440
ルールはそもそもなんのためにあるのか
青山学院大学教授 **住吉雅美**

決められたことには何の疑問も持たずに従うことが正しい？ ブルシットなルールに従う前に考えてみよう！ルールの原理を問い、武器に変える法哲学入門。

68466-0 880円

441
食卓の世界史
歴史料理研究家 **遠藤雅司（音食紀行）**

地理的条件、調理技術、伝統、交易の盛衰、権力の在り方――。「料理」を通してみると、歴史はますます鮮やかに。興味深いエピソードと当時のレシピで案内する。

68465-3 1012円

好評の既刊 ＊印は10月の新刊

特色・進路・強みから見つけよう！大学マップ
小林哲夫 偏差値、知名度ではみえない大学のよさ
68456-1 990円

悪口ってなんだろう
和泉悠 言葉の負の側面から、その特徴を知る。
68459-2 880円

10代の脳とうまくつきあう――非認知能力の大事な役割
森口佑介 10代で知っておきたい非認知能力を大解説
68458-5 946円

カブトムシの謎をとく
小島渉 （いまわかっている）カブトムシのすべて
68457-8 968円

はじめてのフェミニズム
デボラ・キャメロン 『女性は人である』。この理念から始めよう
68462-2 968円

ランキングマップ世界地理――統計を地図にしてみよう
伊藤智章 ランキングと地図で世界を可視化する
68460-8 1034円

＊**体育がきらい**
坂本拓弥 「嫌い」を哲学すると見えてくる体育の本質
68461-5 968円

＊**ケアしケアされ、生きていく**
竹端寛 ケアは弱者のための特別な営みではない。
68463-9 946円

6桁の数字はISBNコードです。頭に978-4-480をつけてご利用下さい。

11月の新刊 ●13日発売

ちくま文庫

やわらかい頭の作り方

細谷功 ヨシタケシンスケ 絵

●身の回りの見えない構造を解明する

世界が違って見えてくる

あなたのものの見方や考え方、固まっていませんか? 視点や軸を変えたり「本当にそうなのか」と疑ったりすることで、自由な発想ができる!

43918-5
792円

ひみつのしつもん

岸本佐知子

※こちらは単行本時の書影です

もっとくらくら、ずっとわくわく、一度ハマったらぬけだせない魅惑のキシモトワールド!

『ねにもつタイプ』『なんらかの事情』に続く『ちくま』名物連載「ネにもつタイプ」第3弾! 文庫化に際して単行本未収録回を大幅増補!!

43927-7
792円

出久根達郎の古本屋小説集

出久根達郎

一冊の本にもドラマがある。古書店を舞台に繰り広げられる本と人との物語。23編をセレクトしたオリジナル・アンソロジー。(南陀楼綾繁)

43916-1
1100円

新版 慶州は母の呼び声

●わが原郷

森崎和江

わたしが愛した「やさしい故郷」は日本が奪った国だった。1927年・植民地朝鮮に生まれた作家の切なる自伝エッセイ、待望の復刊。(松井理恵)

43919-2
880円

京都食堂探究

●「麺類・丼物」文化の美味なる世界

加藤政洋/〈味覚地図〉研究会

きつねうどん、しっぽく、けいらん、のっぺい、衣笠丼、町中華……唯一無二である京都の食堂文化の謎を徹底研究。文庫オリジナル。

43920-8
880円

6桁の数字はISBNコードです。頭に978-4-480をつけてご利用下さい。
内容紹介の末尾のカッコ内は解説者です。

好評の既刊

＊印は10月の新刊

橙書店にて
田尻久子
熊本にある本屋兼喫茶店、橙書店の店主が描く本屋と「お客さん」の物語36篇。書き下ろし・未収録エッセイを増補し待望の文庫化。（滝口悠生）
43921-5
902円

しかもフタが無い
ヨシタケシンスケ　デビュー作を文庫化！
43875-1
880円

できない相談
●piece of resistance
森絵都　描き下ろし2篇を加え、待望の文庫化！
43867-6
748円

風流江戸雀／呑々まんが
杉浦日向子　たのしい。おいしい。ほほえましい。
43873-7
858円

日本人宇宙飛行士
稲泉連　宇宙体験でしか得られないものとは？
43874-4
858円

台所から北京が見える
●36歳から始めた私の中国語
長澤信子　36歳で中国語を始め、40歳で通訳に！　語学の名著
43880-5
924円

牧野植物図鑑の謎
●在野の天才と知られざる競争相手
俵浩三　牧野富太郎博士には忘れられた「ライバル」がいた!?
43885-0
880円

身近な植物の賢い生きかた
稲垣栄洋　クセが強いが頭のいい植物たちの生存戦略
43878-2
858円

ロシア語だけの青春
黒田龍之助　一人の高校生が人気語学教師になるまでの青春記
43889-8
902円

虐殺のスイッチ
●一人すら殺せない人が、なぜ多くの人を殺せるのか？
森達也　集団は熱狂し、変異する。殺戮のメカニズムを考える
43881-2
858円

熊の肉には飴があう
小泉武夫　山はごちそうの宝庫だ！
43897-3
880円

ワイルドサイドをほっつき歩け
●ハマータウンのおっさんたち
ブレイディみかこ　単行本10万部突破の話題作！
43890-4
836円

羊の怒る時
●関東大震災の三日間
江馬修　激震の様子や朝鮮人大虐殺を描く記録文学の金字塔
43904-8
924円

狂言サイボーグ　増補新版
野村萬斎　野村萬斎の原点でござる。
43901-7
902円

娘の学校
なだいなだ　「子どもを持つ」から「共に生きる」へ。すべての親の必読書―ドミニク・チェン
43905-5
924円

＊**ゼロから始めるジャック・ラカン**
●疾風怒濤精神分析入門　増補改訂版
片岡一竹　千葉雅也氏推薦「まず最初に読むべきラカン入門書です」
43915-4
990円

＊**さみしいときは青青青青青**
●少年少女のための作品集
寺山修司　世界の涯《はて》までご一緒に。
43911-6
990円

6桁の数字はISBNコードです。頭に978-4-480をつけてご利用下さい。

11月の新刊 ●13日発売 ちくま学芸文庫

論語
土田健次郎 訳注

至上の徳である仁を追求した孔子の言行録『論語』。原文に、新たな書き下し文と明快な現代語訳、解釈史を踏まえた注と補説を付した決定版訳注書。

51195-9
1980円

動物を追う、ゆえに私は(動物で)ある
ジャック・デリダ 鵜飼 哲 訳 マリ=ルイーズ・マレ 編

動物の諸問題を扱った伝説的な講演を編集したデリダ晩年の到達点。西洋哲学における動物観を検証し、人間の「固有性」を脱構築する。(福山知佐子)

51087-7
1760円

所有と分配の人類学
■エチオピア農村社会から私的所有を問う
松村圭一郎

これは「私のもの」ではなかったのか? エチオピアの農村で生活するなかでしか見えてこないものがある。私的所有の謎に迫った名著。(鷲田清一)

51200-0
1650円

国家とはなにか
萱野稔人

国家が存立する根本要因を「暴力をめぐる運動」の中に見出し、国民国家の成立から資本主義との関係までを論じ切った記念碑的論考。(大竹弘二)

51211-6
1430円

晩酌の誕生
飯野亮一

はじめて明らかにされる家飲みの歴史。いつ頃から始まったのか? 飲まれていた酒は? つまみは? 著者独自の酒の肴にもなる学術書、第四弾!

51216-1
1430円

読み書き能力の効用
リチャード・ホガート 香内三郎 訳

労働者階級が新聞雑誌・通俗小説を読むことで文化に何が起こったか。規格化された娯楽商品に浸食される社会を描く大衆文化論の古典。(佐藤卓己)

51217-8
2310円

6桁の数字はISBNコードです。頭に978-4-480をつけてご利用下さい。
内容紹介の末尾のカッコ内は解説者です。

11月の新刊 ●9日発売

ちくま新書

1287-5
人類5000年史Ⅴ
出口治明（立命館アジア太平洋大学（APU）学長）
▼1701年～1900年
人類の運命が変わった200年間——市民革命、市民戦争が世界を翻弄、産業革命で工業生産の扉が開かれた。ついに国民国家が誕生し覇権を競い合う近現代の乱世へ！
07537-6
990円

※『人類5000年史Ⅴ』は6月刊として6月号に掲載しましたが、刊行延期により11月刊となりました。

1758
東京タワーとテレビ草創期の物語
北浦寛之（開智国際大学准教授）
▼映画黄金期に現れた伝説的ドラマ
「史上最大の電波塔」が誕生し、映画産業を追い越そうとした時代——東京タワーと歴史的作品『マンモスタワー』をめぐる若きテレビ産業の奮闘を描き出す。
07589-5
968円

1759
安楽死が合法の国で起こっていること
児玉真美（著述家）
終末期の人や重度障害者への思いやりからの声がある一方、医療費削減を公言してはばからない日本の政治家やインフルエンサー。では、安楽死先進国の実状とは。
07577-2
1034円

1760
「家庭」の誕生
本多真隆（立教大学准教授）
▼理想と現実の歴史を追う
イエ、家族、夫婦、ホーム……。様々な呼び方をされるそれらをめぐる錯綜する議論を追うことで、これまで語られなかった近現代日本の一面に光をあてる。
07590-1
1320円

1761
情報公開が社会を変える
日野行介（ジャーナリスト、作家）
▼調査報道記者の公文書道
公文書と「個人メモ」の境界は？　電子メールも公開請求できる？「不開示」がきたらどうする？　調査報道記者が教える、市民のための情報公開請求テクニック。
07591-8
968円

1762
ルポ 歌舞伎町の路上売春
春増翔太（毎日新聞記者）
▼それでも「立ちんぼ」を続ける彼女たち
買春客を待つ若い女性が急増したのはなぜか。当事者たちのほか、貢がせようとするホスト、彼女らを支援するNPO、警察などを多角的に取材した迫真のルポ。
07592-5
990円

6桁の数字はISBNコードです。頭に978-4-480をつけてご利用下さい。

たがって、自閉症の人と働く人びとに必要な専門的な訓練を含む、職業訓練サービスの受容能力を高めることに、より重点を置く必要がある（ibid.: 139）。

　シュトイアナーゲルは、つぎのような言葉で論文を終えている。

> おそらく、最良の発展は、自閉症の理解を進展させ、それが医療モデルと社会モデルの両方によって通知されることである。自閉症と診断された子どもの親は、どの介入と治療を使用したいのか考えることができるし、公的資源と私的資源の組み合わせは、そのアクセスを保証することになる。同時に、社会は、自閉症の人を含むすべての人を受け入れる必要性を理解しはじめることになるだろう（ibid.: 145：傍点は筆者による）。

2－3　トルーディの声

2－3－1　モリーの発言

　トルーディは自分の死を予期した手紙を書くほどには自身の身の危険を感じていたにもかかわらず、スカイと共に暮らし続け、その結果、死という最悪とも言える結末を迎えてしまったと捉えることもできる。死の危険が迫ったときに、トルーディが何を思っていたのか、私たちは知りようがない。しかし、スカイがトルーディにとって、暴力をふるう脅威となる存在だっただけではないこと、そして、トルーディはスカイにただ与え続けるだけの立場であったわけではないことは、確かなように思われる。
トルーディは生前、つぎのような言葉を残している。

スカイはいつものように、歓びを見つける方法を教えてくれました。……たとえ最悪の日だったとしても、たった三〇秒にも満たないことであったとしても、スカイは何か楽しいことを発見するのです。……だから私は、自分の歓びを探しはじめたのです（CBS News: 2009a）。

この言葉は事件後の二〇〇九年二月一四日、CBSニュースで紹介されており、同ニュースにおいて、トルーディの同僚で、親しい友人のひとりでもあったモリー・メリーマンは、つぎのように発言した。

私が何よりも言いたいことは、そこには本当に深く愛し合った母親と息子がいたのだということです。
……スカイとトルーディは信じられないほど完全な愛の関係を築いていました。……

スカイは話すことができませんが、それにもかかわらず、彼が母親を大切にしていたことは、二人と関係する特権をもっていた人にとっては常に明らかなことでした。二人ともユーモアのセンスがあり、ジョークが行き交い、ただ絶対的な信頼と高次の愛があることが、常に明らかでした。その愛を伝えるのに、必ずしも言葉が必要なわけではないと思います。

……スカイとトルーディと共に数え切れないほどの時間を過ごしましたが、私は彼らのことを愛し合う二人だといつも認識していました。このような事態になるとは思ってもみませんでした。

私は、トルーディは二つのことを強く望んでいると思います。一つ目は、極めて緊急的なことですが、彼女は、自分の息子が最良のケアを受けることを強く望んでいます。……トルーディが望んでいる二つ目のことは、これが、私がここで話している理由なわけですけれど、自閉症にはもっと多くのことが必要とされているということが認識されることです。私たちはもっと自閉症について研究する必要があります。私たちはよりよい報道と利益を提供する必要があるし、自閉症への理解を深める必要があります(ibid.)。

モリーは女性学を専門とし、暴力関係にも知見がある大学教員である。先述したように、彼女は生前のトルーディに、トルーディとスカイの関係はDVであると忠告してもいた（Connors 2009）。それにもかかわらずモリーは、CBSニュースでスカイとトルーディの関係そのものに関して肯定的な点を強調した発言をしたのだ。

このような発言は、スカイを自閉症のモンスター、トルーディを病的な母親と見なすような反応、そして、現行の刑事司法制度が今回の事件に対応できるようなものではなかったため、スカイがトルーディ殺害のためにまさに終身刑に処されることが予測されていたこと——スカイは実際に実質的な終身刑になった——に対する抵抗の表明であったようにも思われる。おそらく、モリーの発言に対して否定的な反応は多数生じただろうし、自身の発言によってどのような反応が生じうるかについて女性学を専門とする彼女が想像できなかったとは考えがたい。そのうえでなされたモリーの発言は、亡きトルーディの生を尊重しようとした精一杯の姿だったようにも思われる。

〈第三者〉から見て救いようのないように見える関係のなかにも、あるいは、単なる自己犠牲にしか見えないような関係のなかにも、〈当人〉にはかけがえのないもの、そして、〈当人〉の声が存在することがある。そこにあるものを捉え損ねることで、〈第三者〉が〈当人〉とこれ以上の対話ができなくなってしまったり、〈当人〉の尊厳とも言えるようなものを奪ってしまったりすることもある。

もちろん〈第三者〉には、突きつけられた「結末」が単なる悲劇にしか映らないこともあるかもしれない。しかし、そこには、トルーディがそうであったように、他でもない〈当人〉の生の軌跡がある。それをその人の生存が断絶されたあとも、残し続けることはできないだろうか。トルーディの生前の行動は、そのようなことさえも想定していたのではないだろうか。トルーディに見いだされるような倫理――生き方・生き様――と、彼女がスカイのなかに発見したような倫理のどちらをも、そして、そのような倫理が重なる場所に確かに現れたであろうものを、壊してしまわないようにするあり方を探ることはできないのだろうか。

2―3―2　トルーディの訴え

ここでトルーディの半生に関する証言と、トルーディが残した論文や手紙などから、トルーディが訴えていたことについて考えたい。

まず、基本的にトルーディは、スカイが居住施設ではなく、社会のなかで生きることを望んでいた。多くの人は、スカイには攻撃性があるためスカイを施設に入れることが最良の解決策だと考えているが、トルーディの考えはその人たちと一致するものではなかった。スカイのような攻撃性をともなう依存者が共存する社会がトルーディの生きた世界に存在しなかったため、彼女はそれに全力で抵抗したのである。

とはいえ、トルーディはスカイの暴力を完全に許容していたわけではない。むしろ身をもってその危険を経験し、それだけは除去しなければならないものだと考えていた。だからこそ、社会モデルの考えにもとづき、自閉症を「治す」のではなく社会全体で自閉症者の異なる生き方を理解すべきだということに賛同しつつも、医療に頼ることを否定しない。スカイの場合は攻撃性をともなう依存者であるため、共に過ごす人に危険が及ぶ。だからこそ施設が推奨されるわけだが、トルーディは自閉症の攻撃性に有効な薬が存在することを知った。論文から分かるように、社会モデルではどうにもならないところを、トルーディは有効な薬が見つかる可能性に賭けると同時に、自分と同じように苦しんでいたり、愛する子どもを施設に預けるしかないと考えたりしている親たちに、攻撃性をともなう自閉症者と共に暮らせる可能性があると伝える必要性を訴えたのである。

アイリーンの証言にあるように、トルーディは二〇〇三年には薬を試しはじめていたことを伝えており、亡くなる三年前、二〇〇六年に当時博士課程への進学を検討していたステイシー・シンプリカンとの面会のときも、薬について触れている。[8] トルーディの存命中にはスカイに合った薬を見つけることはできなかった。とはいえ、トルーディはスカイが社会で共存できるようになるために、攻撃性＝暴力だけは取り除くべきだと考えており、そのための医療技術を求めて主体的に行動していたことは明らかである。

さらにトルーディは、多くの人によって自分が暴力をふるわれていることは知られており、トルーディが助けないしケアを求めたにもかかわらず、誰も自分を助けることができなかったことを暴露しており、故意に暴力をふるったわけでもないスカイが罰せられるのはおかしいと訴えている。二〇〇八年の三月に『ケント・ステイター』にスカイの暴力について記したのは、助けを求めているという意味も存分に込められていると考えられるが、同時に、いかに周囲（同僚やスカイの学校など）がスカイの暴力を知りながらもトルーディを助けることができなかったかを公表したようにも見受けられる。スカイを施設に入れない限り、トルーディは彼女の生を可能にするようなケアを受けられないような状態に追いやられていたのである。トルーディが残した手紙をスコットに読み上げたのも、二〇〇八年の春であることは偶然なのだろうか。

このように攻撃性への対処の必要性を認めたうえで、トルーディはスカイの社会的包摂のために必要な政策について考えている。スカイが小学生になったときに通常学級でなかなかうまくいかなかった経験から、学校の教師の教育を求め、制度が整っても、形だけでは社会的包摂は実現しないことを伝えている。さらには、もうすぐ学校を卒業することになるスカイの将来と関連して、学校卒業後の制度についても懸念を示している。トルーディの執筆した論文で書かれている制度の問題点や将来的な政策の展望の着想は、明らかにスカイとの経験を前提にして書かれたものである。この観点からみれば、トルーディが自らの人生を賭けていかに一貫して自閉症者の社会的包摂のために公私共々奮闘していたかが明らかであり、それに軽率な評価を与えることは彼女の尊厳を侮辱するという意味で重大な倫理的不正を犯すことだと考える。

トルーディの論文で提起される教育や就労の問題点や、そのための政策の提案は、明らかに昨今の発達障害者を包摂しようとする動き・政策と類似的である。その流れはときに、発達障害者を社会に「包摂する」のではなく、社会に合うように「矯正する」ものだと批判されるようなものでもある。

確かにトルーディは、スカイに「普通」であることを求めていたと言えるかもしれない。スカイ自身がトルーディの選択をどのように受けとっていたかも定かではない。しかし、ここで重要なことは、トルーディの願いが「順当な」社会的包摂を目指すものであったにもかかわらず、スカイの攻撃性のため、その願いが「不適切さ」を帯びたものとして認識されがちである／あったということだ。スカイのような存在を想定せずに、真の意味で「社会的包摂」が実現できると言えるのだろうか。このような存在を度外視したうえでの「社会的包摂」は、その規範や理想を形成する過程で攻撃的な存在や病的とされる存在、規範の外の生を不可視化してしまっているという問題をはらんでいないだろうか。このように見ていくと、トルーディの訴えは、社会全体の根本的変革を要請するものだということが分かってくる。

アレンは、トルーディは自分がスカイに致命傷を負わされた場合、多くの人が自らをケアに失敗している悪い母親、スカイを自閉症モンスターだと捉えるだろうということを予期して、手紙を書いたと主張する。つまり、トルーディはこの事件の原因はそのようなものではなく、「自閉症の人びとが生き続ける可能性を否定し、ケアのための社会的包摂の枠組みを否定する壊れたシステムの結果として」(**Allen 2017: 69**)、彼女の死を捉えるよう強く主張したのである。

トルーディが手紙を残し、エッセイを残し、論文を残してくれていたことで、彼女の抵抗の声に、私たちは今、出会うことができる。しかし、多くの場合は、そのようなものは残らないだろうし、表に出てこないだろう。トルーディのような生が、単に病的なものとして捉えられることは頻繁に生じているだろう。トルーディの残した声は、そのような生を「異なるまなざし」から見ることや、そのような生の「異なる声」に耳を傾けることの重要さも、私たちに訴えるものなのではないだろうか。

註

1　第4章は、(小西 2020)「攻撃性をともなう依存者へのケア――自閉症児の母親トルーディ事例の検討」『立命館文學』vol.665 を加筆・修正したものである。また、この論文では、「トルーディ事例」と表記していたが、(丸山 2018)「事件の哲学と応答倫理学――「事例研究」ではなく」『倫理学研究』vol.48 などの影響を受けたことで、「トルーディ事件」と言い改めた。

2　トルーディ事件を丁寧に扱った論考として、ステイシー・シンプリカンとホーリー・アレンの研究がある(Simplican 2015, Allen 2017)。まず、シンプリカンの論文と本章の最大の違いは、このような事件に対して、シンプリカンが複数性の視点の導入を推奨しているのに対し、本書はあくまで単数性の視点に特権を与えていることである。つまり、シンプリカンは、トルーディだけでなく、他の家族・近親者を含む複数の他者の見解を聞くことによって、「愛の経験に特権を与え、攻撃性や関係的な不和といった特性を無視するケアを与える判断に生じる理想化の衝動を一掃する」(Simplican 2015, p.228) ような支援に希望を見いだしているのに対し、本書では、そのような複数性の視点は、極端で複雑な事例においては、トルーディのように異端視されやすい見解を結果として見えなくしてしまうと考え、あえてトルーディの視点に特権をもたせるという単数性の見方を強調する。さらに、アレンの論文も含め、トルーディ事件に言及するにあたって、明らかにスカイとの経験を前提として執筆されたトルーディの論文に触れたものは見当たらなかった。しかしながら、トルーディの論文は自閉症政策の新たな視点を提供するという意味ではなく、トルーディのような声が社会の根本的改革を要請するものであることを可視化する重要なものである。また、この事件においては、スカイの責任問題をいかに捉えるかという議論が生じることが予測される。しかし、本書では、あくまでトルーディのまなざしから出発することで見えてくるものについて論じることにする。また、施設を擁護する見解や、施設によってこそ救われるケースについては、同様の理由から、本書の論点とは別の問題である。

3　このように母親のみがケアの担い手として病理化されていること、バウアーに見られるような自閉症児による暴力への恐怖に対する同調が多くの場合母親から投げかけられたこと、さらにトルーディとスカイの事件において息子よりも身体的な腕力をもたない母親のトルーディがシングルマザーとしてケア役割を背負うことになったことなど、この事件がケアをめぐるジェンダー問題を示唆しているのは明らかである。

4　ここで紹介しているトルーディとスカイのエピソードは、『プレーン・ディーラー』を参照したものである（Connors 2009）。

5　その他にも自閉症に関するトルーディの共著論文が二本あった（Baker & Steuernagel, 2009; 2013）。双方とも、中西部政治学会（Midwestern Political Science Association）の年次大会で発表した原稿を論文化したものだと思われる。二〇〇九年の論文は二〇〇六年の年次大会の発表と同タイトルで、トルーディはセカンドオーサーであり、二〇一三年の論文は二〇〇八年の年次大会の発表と同タイトルで、トルーディはファーストオーサーだった。しかし、二〇一三年の論文が完成する前にトルーディが亡くなってしまったため、この論文のファーストオーサーは共同発表者のベイカーになっており、トルーディが亡くなったことが著者説明に記されている。両論文とも、アメリカとカナダの自閉症政策ないしナラティブの比較検討を行ったものであり、トルーディが自閉症政策の好転を望んでいたことがさらに理解できる内容となっているだろう。しかし、本稿では、もっともトルーディの思想が垣間見えると思われる彼女の単著論文のみに焦点を当てた。

6　ここで参照されている文献・ウェブサイトは、Aman &Collier-Crespin 2003; McCracken et al. 2002;“Newer Antipsychotic Medication,”2002である。なお、最後のウェブサイトは現在掲載されていない。

7　トルーディは州政府と州立大学が自閉症の生徒を受け持つ教師の訓練のためにいかに協力できるかの例として、二つのミシガン州のプログラム、自閉症提携的保証（Autism Collaborative Endorsement：ACE）と自閉症における学際的証書（Interdisciplinary Certificate in Autism）をあげている。

8　二〇〇六年二月にステイシー・シンプリカンは、博士課程進学に向けての大学訪問のためケント州立大学を訪れ、トルーディとスカイに面会している。その際にもトルーディは、スカイを専門家のもとへ連れて行き、スカイのふるまいを制御する薬をもらっていることをシンプリカンに話していた。難問に直面していたにもかかわらず、トルーディとスカイは共に幸せに暮らしているのだとシンプリカンは思ったという（Simplican 2015）。

第5章

生きのびるためのアディクション――自己治療・自傷・自殺

第5章では、死の危険性を否定できない状態や行為が、逆接的に〈当人〉の生存にとってなくてはならないものであるときについて考察する。

依存症（＝嗜癖）（addiction）や自傷行為など、その先に死が予測されるような状態や行為は、多くの場合、単に取り除かれるべき・止めさせるべきものだと考えられるだろう。そのような視点に一石を投じたのが、自己治療仮説（self-medication hypothesis）である。自己治療仮説は、依存症の中核症状としての心理的痛みに着目している。そして、その耐えがたい痛みを緩和するために人は依存症になるという点を強調し、依存症に罹患した背景に着目することでクライアントの回復の道を探る必要性を訴えてきた。この理論から導き出される思想は、自己治療仮説の提唱者であるカンツィアンとアルバニーズの著書が翻訳された二〇一三年頃を境として、「生きのびるためのアディクション」というフレーズと共に、日本の依存症関連業界ではそれなりの定着を見せている。

本章では、このような「生きのびるためのアディクション」という言説によってもたらされた積極的な効果と、その思想の定着によって覆い隠されてしまうことの両方について検討する。

1 自己治療仮説

自己治療仮説は、一九七〇年代にアメリカの医師であるエドワード・カンツィアンとマーク・アルバニーズが唱えはじめたものであり（Khantzian & Albanese 2008: 2）、数十年にわたって臨床的に重要な意義をもち続ける、精神医学会では稀有な理論として紹介されるものである（松本 2013: iv）。カンツィアンとアルバニーズは、著書*Understanding Addiction as Self Medication*（邦訳『人はなぜ依存症になるのか』）において自己治療仮説について論じている。

依存症は多くの場合、その生物学的プロセスが着目され、耐性や離脱症状をめぐる身体依存の観点から説明されるが、それは何年も断酒や断薬を続けていたにもかかわらず再発してしまう現象や、離脱をともなわないにもかかわらず定期的に大量薬物を使用してしまうような現象の理由にはならない。この理由として、生物学的志向性をもつ研究者は、嗜癖物質の「報酬」や「快楽」が関係しているとの見解を示している。カンツィアンとアルバニーズは、その見解を否定するのではなく、その見解のみが展開されるなかで見落とされている点に注目する。

自己治療仮説には二つの重要なポイントがある。第一に、「自己治療仮説は、嗜癖行動の核心には心理的苦痛があり、傷つきやすさを抱える人びとが嗜癖に助けを求めるのは、嗜癖物質や嗜癖行動がつかの間ではあるが他では得られない、苦痛からの解放、安らぎ、変化をもたらすことを発見するからだということを強調している」（Khantzian & Albanese 2008: xvi）。そこで得られるつかの間の苦痛からの解放を手に入れるためであれば、依存症に罹患している人は、依存症になることによって引き起こされる苦痛を進んで引き受けてしまうのである（ibid.: 69）。

第二に、ある依存物質がすべての人に魅力的に作用するわけではなく、人びとはさまざまな薬物を試すなかで自分好みの特定の薬物を選択するのであり、その選択は個々人で異なるということである。ここでなされている選択には、個人の好みやその人が抱えている心理的痛みのあり様、そして、個人のパーソナリティのみならず、その物質の入手しやすさなどが影響している（ibid.: 42-43）。

著書において依存性薬物は、①オピエート（ヘロイン、モルヒネ、メサドンなど）、②中枢抑制薬（アルコールなど）、③中枢刺激薬（コカイン、リタリンなど）の三種類に分類され、それぞれの特長が説明されている。

オピエートは、麻薬ないし麻薬性鎮痛剤に分類される薬物であり、その多くは医療現場で身体的苦痛を緩和するための鎮痛剤としても使用されている。オピエートには、強烈な感情を鎮める効果があり、激しい怒りや焦燥感などを抱える人にとっては魅力的なものとなる（ibid.: 43）。たとえばオピエートは、トラウマ経験やトラウマ記憶から生じる、耐えがたい怒りや激しい感情を著しく軽減するという効果を発揮する（ibid.: 66）。

中枢抑制薬を代表するアルコールは、「心理的防御を緩和し、緊張と不安に満ちた状態から解放してくれる」（ibid.: 26）鎮静効果をもつ薬物であり、特に、厳格な性格で、人前で防衛的な構えを強めてしまう人にとって歓迎すべきものである。このような効果をもつアルコールは人をリラックスさせ、他者とのコミュニケーションを円滑にする作用もあるため、人間関係に悩む人にとって欠かせないものになることもありうる。

中枢刺激薬には、コカインなど違法薬物に加え、認可を受けた医薬品であるリタリンなどが含まれる。中枢刺激薬は、「エネルギー水準の高い人をさらに活気づけ、彼らを望む通りの自分にしてくれるし、エネルギー水準の低い人を活気づけ、活動性を高め、自分のことを好ましく感じさせてくれる」（ibid.: 46）。ＡＤＨＤに苦しむ人は、中枢刺激薬によって落ち着くことや、何かに集中して取り組むことが可能になるし、うつ病の人は、意欲の低下、疲労感、自尊心の低さを乗り越えることができる（ibid.: 46）。

このようにそれぞれの物質には特有の効果があり、その効果を得ることで、人びとは少なくともつかの間は、自身が背負っている耐えがたい苦痛を除去することができる。依存症者は複数に絡み合った事情から、自分に適した効果を発揮する物質を選び取り、場合によっては、その物質の効果を手放せない状態になってしまうのである。

以上のように、カンツィアンとアルバニーズによる自己治療仮説をめぐる論述のほとんどが、アルコールなどの物質摂取への依存を対象とした、いわゆる物質嗜癖についての言及である。しかし、彼らは著書のなかで、「自己治療仮説のパラダイムは、行動嗜癖にも応用可能であるとする根拠があると信じている」（ibid.: 88）と述べたうえで、その具体例として、ギャンブル、セックス、買い物、拒食・過食、過激な運動のような行動嗜癖における自己治療仮説の有用性について言及している[1]（ibid.: 2, 88-95）。

カンツィアンとアルバニーズは、本書のテーマと最も関係が深い、共依存や恋愛依存などを対象とする関係嗜癖には触れていないが、行動嗜癖の応用可能性を指摘するのと同様の論理、すなわち、その嗜癖が「人間の心理的苦痛を和らげたり、コントロールしたりする」（ibid.: 94）という論理をもって、自己治療仮説は関係嗜癖にも適応可能であるようにも思われる。

2 日本における「生きのびるためのアディクション」

カンツィアンとアルバニーズの著書 *Understanding Addiction as Self Medication* は、精神科医の松本俊彦によって翻訳され、『人はなぜ依存症になるのか――自己治療としてのアディクション』というタイトルで二〇一三年に出版された。同著の「訳者まえがき」には、松本による自己治療仮説の解説が添えられている。

依存症患者は無意識のうちに、自分たちの抱える困難や苦痛を一時的に緩和する役立つ物質を選択し、過酷な「いまこの瞬間」を生き延びてきたのでしょう。その結果、確かに依存症には罹患こそしましたが、そのおかげで「死なずにすんだ」と考えることもできるわけです。逆にいえば、幸運にも一時的な断酒や断薬に成功しても、困難や苦痛が依然として存在しているのであれば、その状態を継続することはむずかしくなります（松本 2013: iv-v）。

松本がカンツィアンとアルバニーズの仕事を知ったのは、この翻訳書を出版した一五年ほど前だという。当時、横浜の薬物依存症専門病院に勤務していた松本は、夜勤中に英文ジャーナルを講読し、偶然彼らの論文に遭遇したという。この論文には、松本が感じていた「人はなぜ依存症になるのか？」という疑問に対するヒントが記されており、「当時、自分なりの薬物依存症臨床の考え方を整理するのに大いに役立っただけでなく、その後取り組むようになった自傷行為の研究でも、自傷行為のメカニズムを理論化する際の基礎」（松本 2013: v）となったという。

自傷行為の専門家としても知られる松本は、共著者である山口亜希子と共に、二〇〇五年の論文で自傷行為を嗜癖とみなす観点から論じており、そのなかで「多くの自傷者が、「死ぬためではなく、生きるために自傷している」」（松本・山口 2005a: 75）と主張している。同じく二〇〇五年に発行した別の論文では、二〇〇四年六〜七月間に、神奈川県内のAクリニック外来を受診していた女性患者のうち「身体の表面を刃物などで切る」形式の自傷行為を一回以上行ったことがあると認識された者八一名（年齢一五〜四六歳）を対象に、自傷行為（刃物などで身体表面を切る）の嗜癖性に関する自記式質問票による調査を行っており、その質問内容のひとつに「あなたは「自傷行為は自分が生きる上で必要なもの、できれば止めたくない」と思いますか？（「生きるためには自分には自傷が必要である」）」という質問を加えている(「はい」と答えたのは二一・〇パーセントだった)(松本・山口 2005b)。

松本と山口は、自傷行為が自殺以外の様々な理由から行われることについての先行研究も紹介しつつ(Favazza & Contrio 1989; Nixon 2002; Walsh & Rosen 1988)、習慣的に自傷する人びとが多いなか、「外科的な縫合処置を受けた経験」がある人の割合は比較的少ないことは、「自傷が自殺とは別の目的、たとえば何らかの対処行動もしくは意思表示として行われている可能性を間接的に示唆している」(松本・山口 2005b: 935)と論じている。また、自傷者のなかには心的負荷によって解離・離人症の状態を呈する人が多く、自傷行為によってもたらされる疼痛や鮮血の色といった知覚刺激が解離状態から回復するために有用であることがある。そのため、顕著な解離傾向をもつ者にとって「自傷行為はいわば「生ける現実」との接点を保つ」もの、あるいは「生の戦略」であるという(同前: 936)。

翻訳書『人はなぜ依存症になるのか』が出版された翌年である二〇一四年は、「生きのびるためのアディクション」というテーマが、斎藤学によって創設された日本嗜癖行動学会で大きく取り上げられた年でもあった。二〇一四年七月に発行された学会誌『アディクションと家族』に掲載された松本の論文「自傷行為の理解と援助」では、「「生き延びる」ための自傷」(松本 2014: 16)、「「生きるための」自傷」(同前: 17)という言葉が明記されながら、リストカットについて、「死にたいぐらいつらい時に、切ることによってその苦痛が一瞬緩和して、少なくともその瞬間は死なずに済む」(松本 2014: 17)という視点が提示されている。

二〇一四年一一月一五日、一六日に開催された第二五回日本嗜癖行動学会では「生きのびるためのアディクション」が総合テーマとして掲げられ、『アディクションと家族』三一巻一号(二〇一五年八月刊行)では「生きのびるためのアディクション(第二五回日本嗜癖行動学会)」という特集が組まれた。このように自己治療仮説は、日本に輸入されることで、「生きのびるためのアディクション」というキャッチフレーズによって、心理的苦痛の軽減という点よりもむしろ、生きのびるための手段という点が強調されることで、依存症業界に浸透していったと言えるだろう。

さらに、この「生きのびるためのアディクション」という思想の浸透に貢献したと思われるのが、ダルク女性ハウス創設者の上岡陽江と、NPO法人リカバリー代表の大嶋栄子である。二〇一〇年に出版された二人の共著『その後の不自由』には、「生き延びる」というキーワードの使用や、「「自傷」という名の自己治療」(上岡・大嶋 2010: 178)という言葉の使用が見られ、つぎのような記述もされている。

本人たちが意識するかどうかを別にして、薬や過食やリストカットなしには生きることができなかったのです。ですから生き延びるために必要であったこれらのことを手放していくことは、回復のスタートラインであると同時に、本人たちにとっては危機でもあるのです（同前：227）。

また、上岡は二〇一二年にダルク女性ハウスのメンバーである女性たちと共に出版した『生きのびるための犯罪《みち》』において、依存症が生きのびるための手段であると主張している。上岡によれば、何か苦しいことや悲しいことがあったとき、身近な人に相談したり、趣味で憂さ晴らししたり、「だれもが生きていくために、いろんなかたちで自分の身を守ろうとする」けれど、「薬物やアルコールのほかに方法を知らなかった、ほかの方法を選べなかったっていう人もいる」（上岡＋ダルク女性ハウス 2012: 9-10）。その人たちが「生きのびるために必死にたどりついたのは、薬物をはじめ、アルコールや拒食症や過食などの摂食障害……ギャンブルや買い物などへの〈依存〉だった」（同前：106）のである。

ハウスにやってくる仲間たちは、複雑な家庭環境で育っている人が多く、小さい頃から大きな困難を背負い、勉強に集中できるような状態ではなく、世の中の「常識」とされることをよく知らない人も多い。そんななかで薬物使用者という「犯罪者」になった人も少なくはない。彼女たちは、「生きていく上での耐えがたい苦しさや痛みを抑えるために、薬物を必要としてきた」のであり、「ともかくそれは生きのびるための手段だったのだけれど、そのことはなかなか理解されることはない」（同前：134）。

上岡は、前述の第二五回日本嗜癖行動学会にて、講演「生きのびるためのアディクション（自傷）」を行っており、その内容は、『アディクションと家族』三一巻一号における「生きのびるためのアディクション」特集内に「教育講演Ⅱ」として収録されている（なお、講演タイトルの英訳はAddiction for survival (self-injury) である）（上岡・宮本・楪原・高橋 2015: 22)。この対談のなかで、上岡はつぎのように話している。

アルコールが助けてくれた。

私は昔をどうふり返っても、「クスリもアルコールもやらずに生きる人生なんてないな」と思っていて。この前長い友人と、もう一回ヤク中アル中になるなら何を選ぶかという話をした時に、私は「マリファナ選ぶ」、友だちは「あたしはシンナーだ」（笑）。やっぱり、あそこを生きのびるためにはクスリかアルコールを使わないと絶対無理だよねという話をしてました。

もし使っていなかったらマジ死んでたと思うので。

……衝動を抑えるのが大変そうだなと思ったら、とにかく生きのびさせることが大切ですね。ここに規範は入らないです。……私は生きのびている人もたくさん見ています。

ただ、生きのびる時に、皆さんが考えるよりも時間がすごくかかる。そこがすごく危険なんです。

そういう人たちと、いつ（何が）起きるかわからないと思いながらつきあうのは、こちらも相当消耗します。だけど、アルコール・薬物を「やめろ」と言いません。それがないと死んでしまうから。「やめる」という単純なところを回復の目標に持ちません。10年生きのびるためにはどうしたらいいいかを考えます（同前：26, 28）。

二〇一九年には大嶋が、まさに『生き延びるためのアディクション』というタイトルの著書を刊行している。

大嶋は一九八七年から精神科病院でソーシャルワーカーとして働きはじめ、依存症の専門病棟も担当したことがある。そのなかで依存症者のなかにわずかにいた女性たちの生活歴を丹念に聞き、彼女たちが「みずからの記憶を消し、過酷な現実からの一時的逃避という〝目的〟をもって、意図的にアルコール使用を選んでいたという事実と出会」い、「なぜそれほどまでに酔いが必要なのかという問いをもつようになっ」たことで、「「生き延びるためのアディクション」という捉え方が生まれた」（大嶋 2019: 12）と述べている。この捉え方が生まれたことで、これまで「どうしようもない嘘つき」としか思えなかった男性患者たちも、

「実はそれぞれの深い孤立と疎外の物語」があるということが見えるようになったという。

大嶋は、女性依存症患者に、摂食障害、自傷行為や処方薬の過量服用の併発が珍しくないことを指摘したうえで、つぎのように記述している。

自傷行為や処方薬の過量服用などは、いずれも食べつづけること、自分を傷つける身体の痛みで心の苦痛を置き換えること、意識を失って感じないようにすることであり、まさに生き延びるためのアディクションとして選択され、繰り返しているうちにコントロールができなくなっていく。そして彼女たちは内科、産婦人科、救命救急センターなどの医療機関で処置されながらも、「なぜそのような生き延び方をせざるをえないのか」といった本質的な問いと出会うことは少ない（同前：13）。

このような問題意識をもちながら、大嶋は、女性に特徴的に見られるジェンダー役割、母娘関係、ルッキズムの問題などを類型化することで、女性たちが依存症になる背景にある困難について論じている。

この間にも自己治療仮説と接合点をもつような言説はさまざまに展開されていたのだろう。臨床心理士である信田さよ子は、二〇一四年に出版した著書『依存症臨床論――援助の現場から』において、つぎのように記述している。

アルコール依存症の女性たちとカウンセリングで出会うことで強烈に印象づけられたのは、「そうしなければ（飲酒という方法がなければ）彼女たちは生きてこれなかったのではないか」ということだった。飲んで酔い潰れることが、耐えられない現実からのつかの間の防波堤になり、時にはその感覚麻痺がエネルギー源にもなる。彼女たちにとって飲酒は一種の自己治療（セルフメディケーション）だと思った（信田 2014: 174）。

さらに、松本は、自己治療仮説と相性のよい「ラットパーク（ネズミの楽園）」実験についても各講演会などで紹介している。松本らが二〇一九年に翻訳出版した『本当の依存症の話をしよう』では、「ラットパーク」実験の内容が漫画で分かりやすく説明されており、松本がそれに解説を加えている。

松本によれば、この実験は一九七〇年代末に、心理学者サイモン・フレーザー大学のブルース・アレクサンダー博士らの研究チームによって行われた。この実験では、オス一六匹・メス一六匹、合計三二匹のネズミがランダムに一六匹ずつ二つのグループ――①一匹ずつ金網の小さな檻の中に閉じ込められる「植民地ネズミ」のグループ、②広々とした場所にオスメスいっしょに入れられてそれぞれ自由に交流でき、十分な餌や好きなときに遊べる遊び場がある「楽園のネズミ」のグループ——に分けられる。両方のネズミに対し、普通の水とモルヒネ入りの水を与え、五七日間観察した結果、植民地のネズミは頻繁かつ大量のモルヒネ水を摂取したのに対して、楽園のネズミはなかなかモルヒネ水を飲もうとはせず、飲んだネズミでも植民地のネズミと比較して一九分の一の量しか飲まなかった。この実験から、ネズミをモルヒネに向かわせるのは「依存性薬物の存在ではなく、孤独で、自由のきかない窮屈な環境——すなわち「孤立」——である」（松本 2019b: 72）ということがわかった。

この実験からは、薬物を使用する原因は、薬物そのものの魅惑的な作用というよりも、薬物を使用する環境にあるということが示唆されており、この観点が薬物対策の方向性に影響を与えるとしている。この見解は、自己治療仮説および生きのびるためのアディクションという思想と親和性をもつものであることが想定された上で紹介されているように思われる。そもそも、カンツィアンとアルバニーズの著書においても、「ラットパーク」実験は、依存性物質の強化因子として、環境的条件を重視するものとして紹介されており、自己治療仮説との親和性が示唆されている（Khantzian & Albanese 2008: 34-35）。

このように「生きのびるためのアディクション」という思想は、自己治療仮説と一部接点をもちながら、松本、上岡、大嶋らの影響を受ける形で日本の依存症業界に定着していき、その思想が業界を超えて各種メディアで発信されているというのが現状であろう。

3　見えなくなっていく死（者）

近年、依存症業界に限らず――少なくとも研究者界隈においては――「生きのびる」というキャッチフレーズを目にすることが急激に増えてきたように思われる。そこには生きることを肯定されてこなかった人びとや、生と死の狭間をギリギリの状態で生きのびてきた人びとの姿が存在する。たとえそのような言説の生成がごく一部に見られる現象だとしても、「生きのびる」姿に着目し、それを尊重しようとする動きが生じていることは喜ばしく歓迎すべきことだと思っている。

それにもかかわらず、この数年、「生きのびる」という言葉を大量摂取したことによって、私は締めつけられるような気持ちになってしまうことがある。それはもちろん、「生きのびる」という経験に違和感をもっているからではない。人びとの「生きのび」の文脈とは別に、「生きのびなかった」人を否応なしに想起してしまっているからなのである。

3－1　死に至る自己治療

二〇一六年一〇月二二日、二三日に開催された第二七回日本嗜癖行動学会京都大会の初日に、私は、「生きのびるために嗜癖する者をめぐる回復言説への考察」と題した個人研究発表を行った。当日は、自己治療仮説を起点とする「生きのびるためのアディクション」についての言説の整理と、依存症者に対する介入をめぐる論点について発表した。発表を終え、質疑応答の際に、ある精神科医から質問を受けたのを覚えている。

二〇一六年といえば、日本の依存症業界において、まさに「生きのびるためのアディクション」言説が広がりを見せはじめていたさなかであった。質問者はそのことに言及され、そのうえで、この言説には「どこか騙されているような、ごまかされているような感じがある」と言われた。そして、「依存症が心理的には生きのびるための行為であったとしても、身体的な死が目の前に迫っているような場合にはどうするのか。拘束や強制入院をさせなければ助けられないような状態にあるときをどのように捉えるのか」といった趣旨の質問をされた。

その方は、精神科医としての臨床経験から、依存症が身体的に「死に至る病」であることを実感されており、だからこそ「生きのびる」ないし「死なずにすむ」という点を強調したアディクションの描写に落ちつかなさを覚えられていたのだと、私は受け取った。「生きのびるためのアディクション」というキャッチフレーズは、依存症者に向けられる誤解やスティグマに対する問題提起を含むという側面をもち、したがって、依存症者の生きのびの経験に焦点が当てられている。しかし、その言葉は死にゆく依存症者たちを名指すものではない（それ自体が何か悪いというわけではない）。

先に紹介した日本における自己治療仮説の普及に貢献した松本ももちろん（そして、おそらく他の臨床家たちももちろん）、依存症や自傷行為に死の危険性がつきまとうことは知っている。松本は、『アディクションと家族』に掲載した論文「自傷行為の理解と援助」において、生きるための自傷ならば「切りたいだけ切ればいい」という助言は成り立たないし、切ったことを責めてはいけないが、この先長く続く人生を、ずっと切りながら生きていくことには賛成できないと明言している。

「だんだんエスカレートしていく中で、命が危なくなるような深刻な自傷をやってしまったり、デリケートな場所を切ってしまったりする」（松本2014: 18）こともあるし、さらに「つらい今を生き延びるため」のリストカットや過量服薬をしているうちに、「こんなにつらいなら死んじゃってもいいかな」という気持ちが湧いてきて、当初計画にはなかった自殺の考えが湧いてくるかもしれない（同前：19）。

自傷行為の代表であるリストカットは、その他の自殺方法と比較して死に至りにくいという言い方をしばしば耳にする。だからこそ、「リストカットは自己治療」という言い方が成立する。飛び降りや首つりなどでは、自己治療という表現も、生きのびるというあり方も（その行為が何らかの「失敗」をしない限り）成立しないのである。そして、リストカットがまったく死と結びつかないわけでもない。リストカットで死に至ることもあるし、常習的なリストカットを通じて別の要因によって死に至ることもあるし、リストカットを繰り返していた人が別の致死性の高い方法をある日突然に採用するということもある。

松本が『精神科治療学』に掲載した論文「リストカッターの自殺」（2010）で言及しているように、二〇〇〇年代は、南条あや（本名：鈴木純）のホームページ「南条あやの保護室」のブログに掲載された日記、そして、彼女の死後、二〇〇〇年に出版された遺稿集『卒業式まで死にません——女子高生南条あやの日記』がメンタルヘルス界隈に多大な影響を与えていた。彼女の日記には、自身の自傷行為のエピソードやリストカットした腕の写真、処方された向精神薬の服用レポート、オーバードーズに関する日記、（血液を有効活用するための）複数回の献血レポート、親や学校の友人や先生とのエピソードなどが綴られている。

この日記は当初、南条あやが町田あかねに電子メールで日記を送り、町田あかねが運営するウェブサイト「町田あかねのおクスリ研究所」に掲載されるという形を取っていた。つぎに示すのは、「一九九八年五月二八日に南条あやが町田あかねに〔はじめて〕送ったメール」の一部である。このメール文には、南条あやの日記の雰囲気や内容が凝縮されているところがあるので、少し長くなるが紹介したい。

私はリストカット常習者で、中学一年生の頃からちょっとずつ切り始めて、高校に入ってからは静脈まで切るようになってきて、耳鳴りがするようになる前も静脈を切って血が噴き出すような強烈なリストカットをした後でした。

耳鳴りも気分が悪いのも顔色が悪いのも考えてみれば全部このリストカットのせいだったのです。

クリニックで「何でこんな貧血状態なんでしょうね～もうすぐで輸血が必要ですよ。」と不思議がられたので、「神経科だし言っちゃおうかな☆」というかんじでリストカットのことを言ってみたら実は〔学校の〕先生が私に紹介したのは精神科だということが判明しました（笑）

それからは雪崩《なだれ》のように精神科ムード一色になって抑鬱《よくうつ》状態であることや、自殺願望のことを喋《しゃべ》ってアビリット（ドグマチールと同じ）とレキソタンを処方されて帰宅。大きな病院での検査結果では内臓からの出血はないとのことでした。私もそうだとは思っていましたが。

大きな病院では鉄剤を処方されて帰りました。

大きな病院では何故《なぜ》こんなに貧血になったかという原因追及はしないで、薬だけ処方されてます。

「眠れないんですけど。」と言っても「それは我慢してもらうしかないネーハッハッハー」というので腹が立っています。

だから今度「精神科に移りたいんですけど。」と言ってみるつもりです。

クリニックには週に一度、大きな病院には月に一度というペースで通っています。

さて、薬の服用レポートです。

サイレース。まったく眠くなりません。父に取られました。薬事法違反だって言ってるのに…。

レキソタンはリストカットをしたくなったときの頓服薬《とんぷくやく》としてもらっています。不安がなくなるような気がして良いお薬だと思います。

アビリットはなんだかよくわかりません。一週間飲まないと効かないからかもしれません。「効かないです」と言ったらあっと言う間に処方箋《しょほうせん》から消え去った悲しい薬です(笑)

（……）

薬を飲んでいるにもかかわらず、未《いま》だにリストカットはしたいし、期末が終わったら自殺しようと考えてるしちょっと散々です。

ホリゾンが効くと良いなぁ。

今のところ、私は医師に「薬のコトなんてまったく知らない普通の娘」として接しています。

頭の中は「リタリン飲んでみたいーー☆バルビツール酸系睡眠剤よこせーーー四環系はイヤじゃーーー」などと好奇心と知識でいっぱいです（笑）

これを利用して医師の前で多重人格でも演じてみたいです（笑）

この頃困ってるのは水をがぶがぶ飲むようになって一日四リットルくらい飲んでいます。多飲症です。

あと、時たま、ホンの少し幻覚が見えます。困ります。でも楽しく精神科ライフを送ってます（南条 2004: 35-38）。

彼女の日記がネット上に公開されると、彼女は「メンヘル系ライター」として注目を集めるようになり、自傷患者のあいだのカリスマ的存在となったという（松本 2010: 237）。松本によれば、南条あやは「一九九九年三月三〇日――高校の卒業式の二〇日後――に死亡した。その日の午後、彼女は一人でカラオケボックスに入店し、大量の向精神薬を服用して昏睡状態に陥り、そのまま帰らぬ人となったという。享年一八であった。ただし、彼女が服用した向精神薬の量は致死量に満たず、かねてより頻回のリストカットや献血（これも「瀉血」という一種の自傷か）による慢性貧血の状態にあり、死後の解剖において心臓弁膜に異常が見いだされたことから、死因は「推定自殺」と曖昧に濁されている」（松本 2010: 237-238）。

ちょうど二〇〇〇年代に高校生・大学生だった私の周囲にも、南条あやを知っている人たちはいて、典型的な崇拝者・模倣者と言える人もいたと記憶している。少なくとも私が大学生だった頃には、リストカットがひとつの「ブーム」であるという認識も生まれはじめていて、それはごく一部においては「ファッション」であったと言えるような空気感のなかに存在していた。向精神薬の話は（一部の層において）人気で、依存性が高く、処方されにくいと言われていた（現在ではさらに処方の規制が厳しくなった）リタリンを精神科で処方されることが、ひとつのステイタスと化していたような会話を何度か耳にしたこともある。

南条あやの日記を読むと、私には懐かしさのような感情さえ芽生えてしまう。私の周囲にいた同年代の人たちに見られた南条あやの人気が、彼女の生前から存在したものなのか、それとも彼女の死後からはじまったのか詳しく聞いたことはなかったが、少なくとも彼女の死後の二〇〇〇年代においても、南条あやの影響力はそれなりのものとして続いていたということは証言できる。南条あやが亡くなったことも、その原因も、私もなんとなく伝聞的に知っていて、だからこそ、リストカットが単に生きのびるためのものとは思えない印象を、その世代を生きた今の私はもっているのかもしれない。

現実に南条あやが死亡している以上、リストカッターたちが死なないという保証などどこにもない。いいかえれば、「リストカットじゃ死なない」といえたとしても、「リストカットする奴は死なない」とはいえない。その意味では、自殺予防の観点では、「リストカッターお断り」として援助の埒外に弾き出して済まされる問題ではないのである。……要するに、苛酷な現在を生き延びるためのこのアディクション行動は、死への迂回路でもあるのである。現在の死を回避するのに役立つかもしれないが、未解決の問題はそのまま残り、緩徐に未来の死をたぐり寄せている可能性がある（同前：238, 240）。

以上の松本の言及は自傷行為の話ではあるが、これと同型のことをアルコール依存症や薬物依存症などにも言うことができるだろう。専門性の高い書籍や論文では上記の論点について触れられるものの、現在の「生きのびるためのアディクション」言説においては、そのニュアンスはあまり感じ取ることができない。もちろん、そこには依存症者のスティグマの除去を目指すことや、今、まさに生きのびることを欲している人たちへ呼びかけることなどを目的とした戦略や願いが存在しているだろう。ただ、「生きのびるためのアディクション」という言葉において、その背後には死の存在、そして、死者の存在があるということが、どこか薄められてしまっているように感じてしまうのである。

そして、希死念慮をもちながら自傷行為をしていた人たちで、死に至らなかった人たちが、自傷行為自体を通じて「生きのびた」と必ずしも思っているわけでもない。自傷行為を経験したという事実があり、ただ死ななかったという結果がそこにあるだけで、それを「生きのび」と仮に名指すのだとしても、それを可能にしたのが自傷行為であるとは断言できない。何かによって「生きのびた」という力強い感覚が強調されつつある昨今だからこそ、「死んでしまおうと思っていたけれど、なんとなく今も生きている」「あんなに死にたかったのに、気づいたらそんなに死にたいと思わなくなっていた」というふわりとした実感のほうが真実味を帯びているという感覚があることも添えておきたい。

3－2　医療や支援からの拒絶

松本らは自傷患者の自殺リスクを明らかにするために、精神科通院中の女性自傷患者八一名を三年間追跡したことがある。そのうち三年間追跡し得た六七名のうち、五〇名（七四・六パーセント）が何らかの自己破壊的行動をとっており、一五名（二二・四パーセント）が致死性の高い自己破壊的行動に及んでいた。松本はそれらが自殺未遂を指標とした研究であり、厳密には自殺既遂のものと同義には捉えられないと述べたうえで、追跡期間中に一名だけ存在した自殺既遂者について紹介している（症例提示にあたっては、個人が特定されないように、症例の本質を歪めない範囲で大幅な修正を行ってあるとのことである）。

彼女は、調査登録時二〇歳、死亡時二二歳の女性だった。DSM－Ⅳ－TRにおいては、特定不能の解離性障害、神経性大食症・排出型、境界性パーソナリティ障害という診断が下されていた。厳格な両親によって養育され、幼少時からくり返し虐待を受けていた。高校時代から夜遊びをするようになり、そのなかで遊び仲間の男性数人からの強姦被害に遭遇し、相手がわからないまま妊娠した。家族から「ふしだらな女」と批判され、警察に被害届を出せないまま中絶手術を受け、その後、高校を中退した。中絶手術後から拒食・過食・嘔吐がはじまり、一八歳頃からリストカットや過量服薬を頻繁にくり返すようになり、家族に対する暴力も問題化した。見知らぬ男性と性交渉をもち、後にその記憶を失う解離性健忘も見られた。この頃、家族に精神科に連れて行かれた後、強引に閉鎖病棟に入院させられた。家族との関係が悪影響を与えている印象があったため、主治医の提案により、生活保護を受給しながら単身生活を開始したことで、彼女の自己破壊的行動は著しく減少した。ボランティア先で知り合った人と恋人関係になり、半同棲状態になったが、その後はじめたアルバイト先の飲み会で泥酔した際に同僚と不本意な性交渉をもったことにより自責の念に駆られた。その後、恋人との性交渉も苦痛になり、解離状態に陥ることが増え、リストカットと過食・嘔吐が再発し、処方薬の過量服薬がくり返された。恋人との生活にも両親との生活にも抵抗があったため、主治医のすすめで精神科病院の入院に踏み切った。しかし、彼女は同じ病棟のある男性患者を非常に恐れたため、職員の隙を突いて離院してしまい、そのまま退院となった。離院した病院への再入院はできなかったので、主治医は複数の精神科病院に入院の依頼をしたが、いずれの病院からも断られてしまった。離院から一週間後のある早朝、彼女は縊首によって自殺した。以上が論文に記されていた彼女の情報である。

以上の内容を紹介した、松本はつぎのように述べている。

ここに登場する主治医とは筆者自身である。いまでも耳の奥にこびりついて忘れられないのは、入院を断られる際に何度も聞かされた、「当院ではパーソナリティ障害の患者は受けない」という冷淡な声である。精神科医から冷遇されるリストカッターたちはつくづく不幸な患者だと思うが、彼らに熱心に関わる精神科医もまた同業者の冷淡な応対に曝されることがある（松本 2011: 92）。

ここでの「パーソナリティ障害」とは、彼女が診断されていた境界性パーソナリティ障害のことを特に指していると思われるが、これは南条あやが診断されていた病名でもある。松本の語りは、医療業界において、境界性パーソナリティ障害にスティグマティックなイメージが付与されていることを示唆しているだろう。

このような指摘は、先に紹介したジュディス・ハーマンによってもなされている。ハーマンによれば、現在廃止された病名「ヒステリー」の下位病名である身体化障害、境界性パーソナリティ障害、多重パーソナリティ障害といった病名をもらうと、ケア提供者が、その患者は人を欺いたり、仮病を使ったりする信用のおけない者と見なすという。ハーマンによれば、なかでももっともひどいのが境界性パーソナリティ障害という病名に付与されたスティグマであり、精神科医のなかには、境界性パーソナリティ障害の患者を受けもちたくないという人や、避けたいと思っている人、そして、単純に彼女たちを嫌っている人がいるという（Herman 1992: 122）。

ハーマンの記述は、著書が執筆された九〇年代のアメリカのことを想定していると思われるし、松本の記述も二〇年も前のものになる。しかし、ここで指摘されていることは、現在の日本における精神科臨床にも潜んでいるのではないかと考えている。このことは境界性パーソナリティ障害に限った話ではなく、臨床に訪れる幅広い患者に当てはまる話でもあるだろう。

自傷行為やお試し行動など、何らかの厄介な行動がくり返されると、たとえ専門家であろうとも、相手に対して疲弊するのは自然なことである。医療者やカウンセラーや救急隊員など、支援の専門家であろうとも、それが仕事だったとしても、相手の行動にふり回されることはしんどいし、そこに寄り添えば寄り添うほど感情労働が強いられる状態に陥ってしまう。相手が何か大きな問題を起こしたり、危害を加えてきたり、自殺したりすれば、ケア提供者の責任が追及されたり、立場や安全が脅かされたり、精神的に追いつめられたりするということも起こるだろう。

さらには、「責任」というものは、個人を超えて医療機関や各種組織にまで及ぶものにもなりうる。組織には組織の事情があるだろうし、自衛だって必要である。専門機関・組織は、提供できる業務内容やサービスに制限を設けることによって、自分たちを守らなければならない。したがって、個人や組織を守るために、訪れるクライアントのなかで「引き受けられない人」への支援を拒絶することは正当化されざるをえないことのようにも思われる。

そうだとしても、相談機関や精神医療機関などといった場所を、もっとも必要としていたかもしれない人がその場所を奪われるということも、この過程では起きてしまう。拠り所だった場所から拒絶された希死念慮を抱える人は、さらに自らの存在を「無意味」で「有害」で「迷惑」なものであると見なすようになるかもしれない。それはその人の死をたぐり寄せるようなものでもある。

ここまで確認してきたように、現在のさまざまな介入が「生命保護」に論拠を見いだしている。しかし、「拒絶されるクライアント」という視点は、相談機関や精神医療側の拒否によって居場所を必要としている人が居場所を失ってしまう・奪われてしまうことで生じる事態としての自殺の存在を可視化させる。ここに「生命保護」の基準の揺らぎが正当化される場合があることが発見されるのである。

もちろん、境界性パーソナリティ障害をはじめとする人びとの「病み」に見られる諸症状から距離を取りたいと思うのは、専門家だけではなく、一般人にも当てはまることである。専門家だけに責任を押し付けるべきという話をしているわけではない。そうではなくて、生命保護の基準の揺らぎの奇妙さを、この類いの現象からは感じるということを焦点化したいのである。

3-3 「生きのびる」ことに回収できない肯定性

拙著『共依存の倫理――必要とされることを渇望する人びと』(晃洋書房、二〇一七)において、私はカンツィアンとアルバニーズによって提唱された自己治療仮説は、物質嗜癖、行動嗜癖のみならず、共依存を対象とするような人間関係の嗜癖(関係嗜癖)にも適用可能なのではないかと論じた。共依存関係は、人を死に至らしめる可能性のある関係性(=自殺的な関係性である)と捉えられることによって、共依存的な要素をもつ関係性は直ちに分離しなければならないと考えられがちである。しかし、共依存関係は必ずしもそのような単純で一面的なものとして捉えられるべきではないのではないかというのが、私の問題提起であった。

共依存者の背景には、幼少期のトラウマや愛情への飢餓、そして、希死念慮が存在することもある。その状態において何とか生をつなぐことを可能にするもののひとつが、自分が特別な人だと認識する特定の他者からの執着的な愛情である。愛情飢餓に苦しんだり、愛されることに囚われたりしている人びとにとって、人並み程度の愛の表明では心に響かない。狂気じみた愛を通じてはじめて、「私はもしかしたら愛されているのかもしれない」と感じることができるのである。

自己治療仮説が論じるように、共依存関係を築いた者同士が互いに依存し合うことで癒され、死にたいほどの苦しい状況を緩和できているのなら、共依存関係は、共依存者の耐えがたい精神的苦痛を治療しているのではないだろうか（小西 2017: 140）。

共依存関係が生きるための唯一の避難所である場合、少なくともその効力が発揮されている期間においては、共依存者から依存対象を単に分離することは、回復を導くどころか状況を悪化させてしまいかねない。ここで私が想定しているのは、共依存関係からの分離の先にある共依存者の自殺である。

しかし、私は、生きのびの手段ということのみを理由として共依存の肯定的側面について記述したわけではなかった。著書の冒頭で紹介した映画『リービング・ラスベガス』のストーリー紹介は、そのことを示唆しているだろう。物語において、アルコール依存症のベンは、仕事と家族を失った後、酒を飲んで死ぬために（アメリカにおいて飲酒に対する規制の緩い）ラスベガスへと向かう。そこでベンは孤独な娼婦、サラと出会う。サラは、ベンの飲酒をサポートし続け、飲酒の末の死を迎えるベンを優しく看取るのだった。

『リービング・ラスベガス』の映画監督のマイク・フィギス、主演（ベン役）のニコラス・

ケイジ、サラ役のエリザベス・シューによるインタビューでは、共依存関係そのものに内在する肯定性（＝愛）について多くのことが語られている。

マイク・フィギス：これは男と女の物語です。……映画は深い闇を抱えていますが、このカップルの核にはお互いに対するポジティブなエネルギーがあります。生きることが彼らの要因と矛盾するのです。

ニコラス・ケイジ：ベンは自殺しようとしますが、肉体的な苦しみの中で、真実の愛（**true love**）を見つけるのです。……彼には苦しみはありません。苦しみから抜け出したのです。

エリザベス・シュー：サラは非常に複雑であると同時にシンプルな女性です。彼女はとても傷ついていて、絶望のなかで希望にしがみついています。そして、彼女は自分が誰で、何が必要かを学ぶためにこの世界へ来たのです。……この二人は現実の世界を生きていません。神話の様に無条件に愛し合うのです。……これは絶望的な世界に生まれたラブストーリーです。この愛は、純粋に彼らが必要とするものなのです。

ベンとサラは共依存関係にあったかもしれない。サラはベンの死後、さらに苦しんだかもしれない。しかし、ベンと出会ったこと、たとえ短く一時的な関係だったとしても、彼と関係することで、サラは救われたのだ。彼の死後、苦しんでいるときにでさえ、そうなのである。そこで見つけた愛は、絶望のなかで生きていた二人が出会い、「共依存」的な関係を築くことでしか、決して見つけられることのできなかった「真実の愛」だったのだ。[2]

ここで私が伝えようとしていたものは、「生きのびる」ということだけに回収しきれない、死さえも包摂するような、共依存による救済である。一時的だったとしても、破滅的だったとしても、そこに確かに存在したものを、時間の経過による変化や、「悲劇的」な結末を理由として否定することなどできないのではないか。生と死の二元論に回収しきれない、生きるか死ぬかを問わないような肯定性が、そこに存在しているのである。

3-4　依存先が形成できないとき

自己治療仮説や生きのびるためのアディクション言説において、そこには〈当人〉と依存対象との関係がある。それはアルコールや薬物といった物質であったり、何らかの行動や過程《プロセス》であったりする。もちろん、それらの入手や実践における困難性が発生することはありうるし、ある嗜癖行動を阻害してくる要因はいくらでも存在するだろう。しかし、依存対象として求める先が人間である場合、〈当人〉が望むような相手と嗜癖的関係を形成できるかどうかということは、場合によっては、より難易度が高くなることのようにも思われる。

『共依存の倫理』の刊行後に開催された合評会において、コメンテーターのひとりであった小松原織香から、「共依存関係をうまく築けない人はどうするのか」という質問をいただいた。小松原はつぎのように言及した（小松原の質問内容は、私が執筆した「書評への応答文」に記載されている）。

病気や障害、性格や不運などによって、共依存関係を築けない共依存者はいる。その場合、「耐えがたい苦痛」を逃れるために支援者はおそらく「共依存の自己」を脱却して健全な関係を築くようにサポートする。共依存関係を持つことのできる（さらに、そこから愛を見いだすことができる）共依存者というのは、特権的で希少な存在であり、その経験を語ることは「絵に描いた餅」にならないか（小西 2019a: 29）。

以上の問いかけに対して、私はまず、「希少」であることが理由となることでその経験を語る価値がなくなることはないと述べ、続いて、共依存の特権性に関して、以下のように応答した。

特権性に関して述べるならば、共依存関係は、現代において「病理」とみなされるものであり、それは現在推奨されている「ダイバーシティ」の構想においても除外されているものであることを確認したい。この意味において、この関係を築ける人が現代において「特権」を持っているとは決していえない。むしろ特権的であったはずの異性愛者、家族・子持ちの人びとさえも、共依存者として生きることでその特権性を剝奪されうる。しかし、共依存関係を求めている人の主観的なまなざしからは、小松原のいう「特権」という概念が意味を持つと考えられる（同前：30）。

このように述べてはいるものの、今ふり返ると、私は「（共依存したいのに）共依存できない人」のことについてほとんど考えていなかったと思う。そもそも『共依存の倫理』において共依存関係について論じるとき、私は、大前提として共依存関係を形成している人びとのことを想定していたし、共依存のような苦しい関係を、共依存関係を形成していない／したことのない人が自ら意識的に望むという状況が、実感をともなう仕方であまり想像できていなかった。ただし、論理的にはそのようなことも起こりうるとは考えていたため、「共依存という語は、個人の症状のみを意味できる語であり、したがって、共依存関係を形成することがなく苦しんでいる共依存者もいることを確認しておきたい」（小西 2017: 267）という一文を、著書の最後のほうに、申し訳程度に記述していたのだった。

合評会から六年余りが経過した現在、私のなかでこの考え方はかなり変化した。ほとんどの人にとって、共依存関係は不適切で不健全なものに思われるだろうし、ほとんどの人が、できれば自分自身はそのような関係に絡めとられたくはないと考えるのが通常だとは、今でも思っている。それにもかかわらず、自ら進んで（未だ形成していない）共依存関係こそを望み、それを生きるための最後の砦とさえ考える人もいると、六年分の経験が加わった私は認識しているのである。

共依存関係を望んでも形成できない背景には、様々な理由があるだろう。共依存関係を求めているけれど、そのような関係を形成したい相手に出会えない人、共依存関係を形成したい相手には出会えたけれど一方通行である人、ある程度の双方向性が担保されているものの何らかの要因によりそれが阻害される状態にある人。共依存関係は、周囲の人に迷惑をかけたり、相手を傷つけたり、相手の立場を悪くしたりする。だからこそ、相手のことを思って「身を引く」ことは美徳となるのだろう。「身を引く」とは、その人と距離をとったり、関わらないようにしたり、場合によっては「死」という意味さえも含まれる表現なのである。

註

1　依存症臨床では、特定の物質摂取に依存する物質嗜癖（アルコール、ドラッグ、ニコチン・カフェインなど）、何らかの行動やそのプロセスに依存する行動嗜癖（ギャンブル、買い物、セックス、仕事など）、人間関係に依存する関係嗜癖（共依存、恋愛依存など）に分類されることが多い。

2　映画『リービング・ラスベガス』の引用箇所以降、この段落までは、（小西 2017: 265-267）を抜粋している。

第6章

介入と治療からの自由

第6章では、親密な関係に生じる暴力関係に関する「介入と治療からの自由」について考える。暴力関係と接するような精神的病理や、病理的な関係性が存在するとき、そのような状態への介入と治療が求められる。そのとき、〈当人〉にとっての「介入と治療からの自由」が暴力的に侵害されていることも起こりうるが、この観点は、〈当人〉の生命保護を優先する方針を重視するにあたって見逃されやすくなる。

本章では、まず、〈第三者〉にできることという観点から、暴力的な関係においてどのような介入が望ましいのか、ドラマ『ラスト・フレンズ』を手引きにして考える。続いて、これまでの議論を念頭におきながら、〈第三者〉による介入や治療が、それを拒む〈当人〉に対して暴力的に作用してしまうことについて考える。〈第三者〉が介入する必要性が説かれる究極的な状況とは、そこに自傷他害が存在するときであろう。したがって、本章では「他害」と「自傷」にわけて、現代社会における親密な関係に生じる暴力問題に対して、想定される介入論の一部について検討する。

以上をつうじて、暴力的な関係に留まったり、トラウマを抱えたまま生きることを望んだりする人に対して、現在における規範的なまなざしに否定されてしまうような「介入と治療からの自由」を求める生き方について考える。

1 〈第三者〉にできること――ドラマ『ラスト・フレンズ』から考える

1―1 身近な他者としてどう関わるか

二〇〇八年四月から六月まで、全一一回にわたって放送されたフジテレビ系列のドラマ『ラスト・フレンズ』は、二〇代前半の若者たちの人間関係におけるDV、性別違和、セックス恐怖症、不倫などを扱った作品である。放送当時、私はこのドラマを熱心に見ていた視聴者の一人であったが、若手俳優たちの名演、センセーショナルなテーマ、リアルなDVシーンなどのインパクトを受けて、当時かなり話題になったと記憶している。

この作品は、さまざまな悩みを抱える若者たちがシェアハウスで共に暮らすことを軸にストーリーが組み立てられている。脚本家は浅野妙子、主題歌は宇多田ヒカルの「Prisoner Of Love」、キャッチコピーは「ほどこうとするたびに、離れられなくなっていく」「今を生きる若者たち、それぞれの愛のかたち」である。[1]

『ラスト・フレンズ』にはさまざまなテーマが内在しているが、本書のテーマと関連深いのは、この作品の主人公、藍田美知留（長澤まさみ）とその（元）恋人、及川宗佑（錦戸亮）の関係であるため、ここからはその関係に特に焦点を当てる。

作品の序盤、それまでは良好な交際関係を築いていた美知留と宗佑だったが、美知留が宗佑のマンションで同棲するようになったことがターニングポイントとなり、宗佑は美知留に対する支配欲を強め、それを抑えられなくなる。美知留の携帯電話の中身を確認してその内容について訊問したり、美容師である美知留に「男の人の髪を切らない」という無理難題を約束させたり、美知留の交友関係に口出ししたりするようになった。そして、宗佑は、美知留が自分の思い通りにならなかったり、自分の気が収まらなかったりすると、美知留に身体的暴力をふるうようになった。宗佑は特に、美知留の中学時代からの友人である岸本瑠可（上野樹里）を、自分と美知留の関係を引き裂きかねない存在として疎ましく思っていたが、その瑠可に自分が美知留に暴力をふるっているところを目撃される。そのことにより、瑠可がシェアハウスで一緒に暮らすメンバーである、水島タケル（瑛太）、滝川エリ（水川あさみ）、小倉友彦（＝オグリン）（山崎樹範）にも宗佑の美知留に対するDVが知られることになる。

後日、瑠可は美知留が働く美容院を訪れ、美知留の休憩時間にランチをする。瑠可は美知留にDV癖というものは簡単には治らないと忠告した。しかし、美知留は「宗佑のこと、瑠可は何にも知らないでしょ。会ったのだって、あのとき一度だけだし」「本当に優しい人なんだよ。それに、私のこと、大事にしてくれているんだよ」「私ね、人に愛されているって、感じたこと今までなかった。お父さんにも、お母さんにも。でも、宗佑には、愛されているって感じる。宗佑はそりゃ極端なところもあるけど、私のことをいつも見ててくれる」と、宗佑のことを弁護しはじめる。それを聞いた瑠可は、怒ってお金を置いて席を立ち、レストランを出ていってしまう。美知留には瑠可が「強くて、素敵で、家族に愛されてて、才能があって、輝いている」存在に見えるけれど、瑠可自身は美知留には言えない悩みを抱えていた。瑠可は自分が「性同一性障害」ではないかと疑っており、医師のもとに通っていた。そして、学生の頃からずっと、美知留に恋愛感情を抱いていた。[2] そんな美知留に「愛されたことがないなんて言われたら」「どうすることもできない」と思ったのである。

それでも瑠可は、一度は「美知留が彼といて辛くても幸せなのであれば文句は言えない」と、二人のことを見守ろうとした。しかし、ある日、宗佑に暴力をふるわれた美知留が、顔中アザだらけにして、泣きながらシェアハウスに助けを求めて逃げ込んできたことから決意を改め、命を賭けて美知留を守ると決めた。瑠可は美知留に、「〔宗佑とは〕別れたほうがいい。優しい人だとか、私を愛してくれてるとか、美知留言ってたよね。でも違うよ。これは愛じゃない。暴力で人を思いどおりにしようとするのは、愛じゃないよ」と伝える。

シェアハウスに避難した美知留は、ヘアメイクアーティストのタケルのアシスタントをしながら、シェアハウスのメンバーといっしょに暮らすことになる。しかし、宗佑はシェアハウスの場所を突き止め、美知留を取り戻すために突然家に押しかけてくる。瑠可たちは美知留に気づかれないように対応し、「警察を呼ぶ」と言って宗佑を追い返すが、宗佑は大雨のなかシェアハウスのそばに立ち尽くす。そんななか、なかなか寝つけずにいた美知留は、夜中にタケルといっしょにハーブティーを飲みながら、自分が中学生のときに両親が離婚したこと、母親がずっと外で働いていたため自分は家でいつも独りだったこと、そして、宗佑も自分と生い立ちが似ていることを口にする。

タケルは美知留の話に耳を傾けていた。そんなタケルを相手に美知留は、「〔宗佑も〕私と似てて、お母さんに育てられたんだよね。そのお母さんも恋人ができて、宗佑が小学生のときに家を出てっちゃったんだって。それで宗佑は、親戚の家あっちこっち預けられて」、「最初に会ったときに、似てるなぁって思ったの。私たち、独りぼっち同士だなって。ここでみんなに良くしてもらってると、宗佑に悪いような気になるの。宗佑は独りぼっちなのに」と語るのだった。

朝になり、ゴミ出しのために外に出た美知留は、シェアハウス付近の公園の一角にある塀にもたれて座り込んでいる宗佑を見つける。「私のこと待ってたの？」と問いかける美知留に対し、宗佑は「僕はいつも君を待ってる。待つのはつらくないんだ」と涙を流しながら応える。宗佑が一晩中雨にうたれながら自分を待っていたのだと悟った美知留は、思わず彼を抱きしめる。

美知留はシェアハウスのメンバーに嘘をつき、タクシーで宗佑を家まで送り届ける。その後も高熱のため寝込むことになった彼のために時々看病に向かう。それに気づいていた瑠可は、彼のもとに向かおうとする美知留に「強くなれよ美知留。もっと強くなれるはずだよ。なんで負けちゃうんだよ」と訴えかける。しかし、自分がそばにいないことで自殺までほのめかす宗佑をほうっておくことができない美知留は、「私は、弱虫だから、宗佑の弱さがわかる。今は、彼のそばにいてあげたいの。ごめんね」と言い残して、瑠可の呼び止めを背に、宗佑のもとへ向かってしまう。美知留が立ち去った後、心配するエリやタケルに対して瑠可は、「好きで帰ったんだからどうしようもないだろ」と怒りを露わにし、その場を立ち去るのだった。

その後、携帯電話でも連絡が取れなくなってしまった美知留を心配して、タケルは宗佑のマンションを訪ねる。マンションの部屋のなかには、眼帯をつけ、抜け殻のような状態で家事をする美知留の姿があった。タケルは美知留をカフェに連れ出すが、美知留は二時間おきに宗佑から自宅の固定電話に連絡が入るのでそれに出ないといけないと言って、急いで帰ろうとする。眼帯の下に隠れていた美知留の腫れ上がった目を見たタケルは、声を張り上げる。「美知留ちゃんが選んで、彼のもとに帰ったんならそれでいいと思っていた。でも、こんな生活まともじゃない。早く抜け出さなきゃ」「美知留ちゃん、逃げよう、ここから。もう十分耐えたんだ。彼は変わらない、わかっているよね?」「君がいなくなって、たとえ彼が傷ついても、彼が悪いんだよ。君をこんなに痛めつけた彼が悪い。君は悪くない。シェアハウスに戻ろう。みんな心配している。瑠可も待っているよ」。この言葉をうけて美知留は、シェアハウスに戻ることにする。エリやオグリンも美知留を喜んで受け入れ、いまだ気持ちを整理できずにいる瑠可も美知留を受け入れる。こうしてようやく宗佑と別れる決心がついた美知留は、電話で彼に別れを告げるのだった。

この物語において、最終的に美知留は宗佑のもとを去ることを決意するわけだが、この作品は同時に、美知留がなぜ宗佑を愛おしく思っているのか、どうしてくり返し暴力をふるう彼のもとに戻ってしまうのかを、宗佑の愛の両義的な側面について触れながら描いている。作品では、瑠可(の口)を通して、宗佑が「愛」と呼ぶものの問題性を指摘し、「それは愛じゃない」と否定する一方、美知留が「はじめて愛されていると思った」と感じる程のものを宗佑から受け取っていたこと、「〔文字通り〕いつも美知留のことを考えて」いて、いつも美知留の帰りを待っている宗佑を愛おしく思ってしまうことなどが描かれている。

『ラスト・フレンズ』では、美知留の勤める美容院付近で、仕事を終えたスーツ姿の宗佑が、美知留の仕事が終わるのを待っているシーンが何度も描かれる。美容院はガラス張りで、美知留は仕事中に自分を待つ宗佑の姿を確認できる。宗佑の姿は、二人の関係性の変化によって、ときに、美知留の笑顔を作り出し、ときに、美知留に恐怖を与えたりするものとして描かれている。

美知留に別れを告げられた後、シェアハウスの住人であるエリの「優しさ」を見抜いた宗佑は、エリを使って山のようなラブレターを美知留に届けようとする。宗佑を目の前にしているときは激しく彼を批難したり、相手のことを想うならば「身を引く」べきだと強い口調で言ったりするエリだったが、実際には宗佑の気持ちを完全に無下にしきることができず、美知留にその手紙を渡しはしないものの、手紙の中身を読み、葛藤にかられる。エリは瑠可を呼び出し、「これでよかったんだよね」と確認しながら手紙を燃やす。「あたしはさ、絶対の愛とか信じないわけよ。今までいろんな男とつき合ってきたじゃん。一時はぱっと燃え上がっても、終わってしまうと何だったんだあれって思うしさ。だから私は、ずっと愛してなんて言わないし。そんなこと相手に求めるの野暮だって思ってた。でも、この手紙読んでると、なんかさ、絶対変わらない愛、みたいなのがこの世のどっかに存在するかもって、思えてくるんだよね。不思議なことにさ」とエリは言う。もちろん、この言葉を「バカだな」と瑠可は否定し、「相手のために引けるのが愛」だと反論する。

このようにこの作品では、愛の両義的で矛盾に満ちた要素が数名の登場人物の視点を用いることで総合的なものとして描かれている。加害者を擁護するように聞こえる美知留やエリの発言は、どこか適切な判断力を欠いた発言に聞こえるかもしれない。それでも、彼女たちが感じ取っていたものを通じて描かれる宗佑は、完全な悪としては現れてこないのである。

だからといって、宗佑の暴力が免罪されるわけではない。作品内において、美知留は明らかに宗佑の暴力行為を受け入れてはいない。美知留は宗佑に、暴力をふるわず、我慢ができる人になってくれれば宗佑のもとに帰ってこれるとも告げている。作品において宗佑の暴力が止むことはなかったが、宗佑をほうっておくことができない美知留は、何度も何度も彼のもとに舞い戻り、暴力をふるわれたり軟禁されたりしてしまう。

そして、この作品で大変重要なことは、美知留が宗佑のもとに何度も何度も戻ってしまうのと同じ数だけ、美知留が何度でも何度でも「シェアハウスに帰ってもいいんだ」と思える状況が維持されていたことである。この状況は、〈第三者〉が親密な関係における暴力問題の被害者といかに接することができるかを考えるうえでの鍵となるだろう。そんなこと当然の話ではないかと思う人もいるかもしれない。しかし、身近な他者にせよ、支援先にせよ、一度や二度、加害者のもとに戻ってしまう被害者を受け入れられたとしても、それが度重なると、そのような被害者の態度に呆れかえってしまったり、裏切られたような気持ちになってしまったり、見放してしまったり、あるいは口や態度ではそのようなことを表現しないようにしていたとしても、〈当人〉にそれらを感じ取られてしまったりしないだろうか。こうなってしまったら、何度も何度も相手のもとを立ち去ったにもかかわらず、自分のことを信じて受け入れてくれる「加害者」のほうが、「被害者」にとってはよっぽど信頼できる人になる、ということもあるだろう。この作品のなかでは、美知留がシェアハウスに戻ってこようと思える状況が、絶妙なバランスで保たれているように思われるのである。

美知留は恋愛としての瑠可の気持ちに応えることはできないけれど、瑠可が自分に（宗佑とは別種の）愛を注いでくれていることは十分に理解していただろう。つまり、シェアハウスには、美知留を愛してくれる人が存在したということである。加えて、瑠可が美知留を受け入れられないでいるあいだは、タケルやエリがその媒介者となり、タケルが直接、宗佑の家から美知留を救助したこともあった。タケルはこのような強引な仕方で美知留を保護する姿を見せることもあるが、美知留が他の人には語らない自身の心情をついつい打ち明けてしまう語らせ上手（聞き上手）な人である。そして、エリは、男性からの愛を求めているという点において、美知留が宗佑のもとに戻ってしまう動機に対する最大の理解者でもあった。だからこそ、エリは美知留の優柔不断な態度を責めることはしない。オグリンは、かわいらしい美知留を、単純にちやほやする男性である。さらに、オグリンの家庭内では圧倒的にオグリンより妻の立場の方が上で、彼は妻が家に男を連れ込んだため家に帰れなくなってしまってシェアハウスに居座っている。そして、エリと不倫関係になる。美知留がいてもいなくても、このシェアハウスはすでに「訳あり」なのである。

シェアハウス――美知留にさまざまな立場から寄り添うことのできる友人が複数人存在する場所――という特殊で絶妙な環境下においてこそ描くことができた姿かもしれないが、『ラスト・フレンズ』は、暴力をふるうパートナーに愛着を抱きながら離れられないでいる人にいかに寄り添い続けることができるのかということに対する、大きな手がかりを描いているように思われるのである。

1―2 公的支援の必要性と限界

ここまで確認してきたように、『ラスト・フレンズ』は、身近な他者としての〈第三者〉がいかに暴力関係から逃れられない人に寄り添うことができるのかについて、ひとつのあり方を見せている作品である。それと同時に、『ラスト・フレンズ』は、暴力関係にある人と関わるにあたって身近な他者たちができることの限界も示唆している。

『ラスト・フレンズ』が描いている限界は、この作品がほとんどすべて個人的な人間関係のなかで展開されることによってこそ浮かび上がってくるものである。ドラマの放映当時である二〇〇八年には、すでに「ストーカー行為等の規制等に関する法律」（ストーカー規制法）も「配偶者からの暴力の防止及び被害者の保護等に関する法律」（ＤＶ防止法）も成立していたが、これらを機能させせようとするような動きは、この作品内には存在しない。

美知留に別れを告げられた後も、「いつ家に帰ってくるの？」と突然接触してくる宗佑に対して、美知留は「私をもう自由にして。私、好きな人ができたから」と伝える。宗佑はその相手がタケルだと気づき、人通りのない場所で突然タケルに襲いかかり、激しい暴行を加える。さらに、以前から疎ましく思っていた瑠可のことを自宅のマンションに呼び出し、暴行を加えたうえ上着を引き裂いて瑠可のプライドを傷つける。このようなことが続き、シェアハウスのメンバーは宗佑の影におびえるようになり、次第にインターホンが鳴るだけでもビクビクするようになっていく。

それでも、シェアハウスのメンバーは、誰も実際に公的支援を利用するという行動を取らなかった。宗佑がシェアハウスに押し寄せてきたとき「警察を呼ぶ」と警告はしたものの、実際に警察に通報したり、宗佑の暴力について個人的な人間関係を超えた相談を外部にもちかけたりしたことはなかった。タケルや瑠可が宗佑に暴行を加えられたときも、二人とも警察や救急車に保護されたり相談したりするようなことはなく、自力でシェアハウスに戻ってきている。このように、登場人物たちがシェアハウスの人間関係を超えた支援を求めなかったことにより、宗佑の加害の先は、シェアハウスの住人たちにまで広がっていき、住人たちは宗佑の暴力におびえる日々を過ごすようになったのだ。

ただ、そのことがかえって、一部の現実に光を当てることを可能にしていると同時に、私的関わりによってこそ導き出される支援のあり方を可能にしているのではないだろうか。（特に第3章で確認したように）警察に通報しない／したくない、他の人に暴力のことを知られたくない、「加害者」に刑罰を与えたくないなどと思っている暴力の「被害者」はたくさんいると思われる。宗佑との別れを決意した美知留ではあったが、この作品における彼女の行動を追う限り、美知留もそういう「被害者」たちと共鳴する立場にあったのではないかと考えられる。たとえば宗佑が警察に逮捕されることで、彼が市役所の児童福祉課の職を取り上げられるようになることを、美知留は望まないのではないかと私には読み取られる。

そして何よりもシェアハウスの友人たちが、宗佑との関係において極めて優柔不断とも言える美知留の行動にこの作品で描かれている仕方で寄り添い続けることができたのは、外部からの介入が存在しなかったところが大きいと思われるのである。先に論じたシェアハウスの絶妙な環境や人間関係は、現状の公的支援を介在させることによって崩壊するものなのではないだろうか。[3] この作品は、個人的な人間関係において暴力関係を解決しようとすることの限界だけでなく、少なくとも二〇〇八年当時の公的支援における限界も示唆するものになっているように思えるのである。

また、ここで示唆されている点は、本書が問題意識として掲げているものとも関わるものであり、現在もその問題が解決されたようには思われない。むしろ、美知留のような人は、二〇〇八年当時よりも、今のほうがさらに意識改革が必要な人であると一般に認識されているように思われる。美知留のような人が、自分のペースで、自分の信じるものを大切にしながら、暴力的な関係に向き合うことは、きっと今ではさらに阻害されやすいこととなってしまっているだろう。私的関わりのなかに限界があるのとは別の観点において公的支援それ自体にも限界があるにもかかわらず、それが認識されずに、その限界までも公的支援でカバーするべきだと考えられたり、私的関わりによってこそもたらされる助け合いの価値が公的支援の提示する常識によって矮小化されたりするようなことも起こっていないだろうか。

さらに、この作品においては、宗佑が生きることを可能とするような救済の手は差し伸べられていない。宗佑は、母親にネグレクトされている少年と児童福祉課の仕事を通じて知り合い、その少年と心を通わせることで一定の救済を得ているようにも思われる。しかし、それでも、美知留が宗佑のもとを立ち去る限り、彼はいつも「独りぼっち」であり、（親からの）愛情に飢えた美知留と宗佑にとっては何よりも苦痛と感じる状態だった。美知留と宗佑の場合、美知留の共依存的行動を可能にさせたのは、宗佑の暴力や支配ではなく、美知留に「はじめて愛されていると感じた」と言わしめるような、美知留への狂気的な執着だった（ただ、それが暴力や支配につながった）。

この作品においては、宗佑が自力で美知留の執着を断つことは、彼自身もそう理解したように、不可能だった、あるいは相当に困難だったと考えるのが妥当だろう。宗佑に別の恋人ができたとしても、彼はその相手にまた暴力をふるってしまい、同じことをくり返してしまう可能性が高い人物像とも言えるだろう。本書の第2章4節で言及したような、（宗佑と相性のよい）真のマゾヒスト女性と宗佑が出会える可能性は残っているかもしれないが、このドラマのテーマは別のところにあったと解釈される。そして、宗佑には、美知留にとってのシェアハウスの友人のような存在もいなかった。

ある日、宗佑は「もう終わりにする」ために、美知留が家に置いたままにしている荷物を返すこと、合鍵を返してもらうことを口実に、美知留を自分のマンションに呼び出す。美知留は相変わらず彼の家に向かい、再び宗佑に捕らえられ、暴力をふるわれる。宗佑に「あいつら〔シェアハウスの友人〕がどうなってもいいのか」と脅迫された美知留は、宗佑にレイプされてしまう。その後、ベッドのうえでうつろになって横たわる美知留は、ベッドに背を向けて床に座り込んでいる宗佑に向かって、「私の友達に二度と手を出さないで」「そう誓ってくれるなら、私、ここにいてあげる。宗佑と、何度でも、こうしてあげる」と語りかけた。宗佑はふり返り、ゆっくりと美知留に近づいていく。美知留の頬に流れる涙を優しく手で拭い取って、「なんで泣くの、美知留。泣きやんでよ。泣きやめよ！」と叫んだ宗佑は、握りしめた拳を押さえ込み、ベッドのある部屋を出ていって独りで泣き崩れる。

宗佑は「いつも美知留のことを考えている」し、宗佑の世界は美知留が中心となって構成されている。美知留がいるからシェアハウスにも訪れるわけだし、シェアハウスのメンバーにも関わろうとする。彼の行動の理由は、第一義的に美知留に還元されるのである。それにもかかわらず、いまや美知留は、宗佑といっしょにいる理由を、シェアハウスの友人を守るためだと発言してきた。美知留はもはや、自ら望んで自分のもとにいたいとは思っていない。宗佑よりもシェアハウスの友人たちのほうが、美知留のなかでは優先されていることが、この美知留の語りかけの中には凝縮されている。

隣の部屋に移動した宗佑は、美知留の荷物のなかに、美知留とシェアハウスのメンバーの何枚もの写真を見つける。それを手に取った宗佑は、その一枚一枚をめくり眺める。そこにはシェアハウスのメンバーと過ごし、心から楽しそうな笑顔を見せる美知留の姿があった。宗佑は涙を流しながらその写真たちを見つめ、美知留との関係の形成を断念せざるをえないのだと悟ったのだ。こうして宗佑は、おそらく美知留に贈るために買った純白のウエディングドレスを抱きしめながら、ナイフで手首を切り、自ら命を絶つ形で「身を引く」。
翌朝目覚めた美知留は、亡くなっている宗佑を発見し、泣きながら彼を抱きしめる。宗佑は、美知留に最後のラブレターを残していた。

美知留へ

さよなら美知留。
君を自由にしてあげるよ。
生きている限り、僕は君を縛ってしまう。
だから、君に自由をあげるには、この心臓を止めるしかない。
僕は君のすべてになりたかった。
君の見る世界のすべて、君を照らす光のすべて
君の感じる喜びのすべてで、ありたかったんだ。
どこまでも、いつまでも僕は君とひとつでいたかった。
でも君は、僕がいない世界に幸せを見つけてしまったんだね。
だから僕はいくよ。

せめて、まだ君のぬくもりが、この手に残っているうちに。
君とひとつになれたことを、この体が覚えているうちに。
ごめんね。君の笑顔が大好きだったのに、笑わせてあげられなくて。
ごめんね。愛し方がわからなくて。
ごめんね。僕が君を幸せにできなくて。
さよなら美知留。幸せにね。

宗佑

宗佑の死は、美知留を解放すると共に、彼女の心を捉えることを可能にさえするような最後のあがきであり、かつ美知留への執着から生じた呪いの言葉であったと解釈することも可能だろう。

この作品は、宗佑が歪んだ愛し方しかできなくなってしまった背景、彼なりの愛の形を完全に否定しないような描写の数々、彼が母親にネグレクトされている少年に見せる優しさなども描いており、「加害者」を単純な悪として描いてはいない。さらに、亡くなっている宗佑を抱きしめる美知留からは、別れた後も彼への愛着を捨てきっていなかったことがうかがわれる。

　その後、宗佑の子どもを妊娠していることを知った美知留は、市役所での彼との出会いや、彼が「早く結婚して美知留と子どものいる幸せな家庭を作りたい」と言っていたことなどを思い出してもいた。出産を決意し、命がけで子どもを産んだ美知留の姿からも、もしかしたら人びとは、美知留の宗佑に対する愛情を垣間見るかもしれない。

　しかし、二〇〇八年に『ラスト・フレンズ』の最終回を視聴した私は、宗佑の死後に見られたさまざまな描写や展開に対して、宗佑に感情移入・同情する形で、大変な不満を抱いたことを覚えている。その理由は、宗佑の「優しさと呪いに満ちあふれた遺書」が物語のなかで、まるでなかったものかのように、忘れ去られてしまったかのように扱われていたからだろう。それこそがあるべき姿なのかもしれないが、当時の私には、この呪いを引き受けることこそが、宗佑の生に残された唯一の救済の可能性であり、（共にいることはできないとしても）彼の愛への応答の仕方であるように思えたのだろう。美知留やシェアハウスのメンバーたちに、宗佑を支える義務も義理もないけれど、それでも何らかの仕方で、宗佑にだって救いの手が差し伸べられてもいいのではないかと思ってしまったのである。

　この作品は、ＤＶ加害者を美化した作品であるという批判もされており、そのことを考えると、この『ラスト・フレンズ』は繊細な論点に踏み込んだ作品として評価することができる。共依存的なDVにふみこんだという観点から見ると、この作品が確かにとても優れたものであったと今でも考えている。しかし、だからこそ、私は宗佑の救いようのなさに絶望してしまったのだと思う。

ただ、私が『ラスト・フレンズ』を鑑賞し、このような気持ちになったのは、私自身が、この作品が描いた宗佑の愛の形のなかに（暴力行為はかなり否定的に認識したが）他の登場人物の愛の形のなかには存在しない魅力、すなわち、（エリが感じ取っていたように）絶対的で不変的に思える愛を見いだし、宗佑という登場人物の痛みに共感を覚えたからだろう。

2　自傷他害とパターナリズム

2－1　適応的選好形成

本書のような内容を各所で発表するにあたって、適応的選好形成について言及されることが何度かあったので、ここでその関係について記述しておきたい。

適応的選好形成とは、ヤン・エルスターが功利主義批判の文脈で提唱した理論である。この理論を説明するための例えとして紹介されるのが、寓話「酸っぱい葡萄」である。[4] 飢えたキツネがよく熟れた葡萄を見つけたが、その葡萄が手の届かない位置にあったため「あの葡萄は酸っぱい葡萄だ（フランス語版では「青すぎる葡萄」）」と捨て台詞を吐いたというかなり有名な物語である。エルスターは、著書『酸っぱい葡萄』において、寓話「酸っぱい葡萄」に見られる現象を適応的選好形成と呼んだ（エルスター 1983=2018: 182-183）。適応的選好形成では、獲得不可能だと思ったものに対する選好順位が下がったり、それに対する欲求が消滅したりするということがおこるという。

エルスターは適応的選好形成という概念の地図を描くために、それを八つの類似概念（①学習を通じた選好変化、②事前制約、③操作、④計画的性格形成、⑤属性ウェイトの事前変化、⑥嗜癖、⑦事実的状況依存性を持つ選好、⑧合理化）と比較している。[5] 本書において、特に重要なのは、③操作（manipulation）であろう。すなわち、酸っぱい葡萄は、人びとが搾取されることや抑圧されることを助長するであろうが、その「断念は一般にそこから利益を得る人々によってもたらされたものである、と決めつけるべきではない」（同前：191）ものであり、「酸っぱい葡萄の概念は厳密に内発的な因果関係を含んでおり、他者への利益に言及するそのような外因的な説明とは対照的である」（同前：192-193）。エルスターの理論は、本書における暴力論とは一定の距離があるように思われる。

本書の内容と関係が見られるのは、アマルティア・センが論じる適応的選好形成だろう。センは、『不平等の再検討――潜在能力と自由』（1992＝2018）において、適応的選好形成について、つぎのように述べている。

永続的な逆境や困窮状態では、その犠牲者は嘆き悲しみ不満を言い続けているわけにはいかないし、状況を急激に変えようと望む動機すら欠いているかもしれない。実際、根絶しえない逆境とうまく付き合い、小さな変化でもありがたく思うようにし、不可能なことやありそうにないことを望まないようにすることの方が、生きていくための戦略としてはよっぽど理にかなっている。……この点は階級、ジェンダー、カースト、コミュニティーに基づく持続的な差別がある場合には特に重要な意味を持ってくる（セン 1992=2018: 10）。

つまり、たとえある人びとが厳しい状況におかれていたとしても、「願望や成果の心理的尺度ではそれほどひどい生活を送っているようには見えないかもしれない」のであり、「達成できないことを虚しく切望するよりは、達成可能な限られたものごとに願望を限定して」（同前：87-88）いるかもしれないのである。

玉手慎太郎が指摘するように、センの議論は、「主観的な厚生水準を用いることの不適切さを指摘する文脈で用いられて」おり、「本人が幸せだと言っていてもそれが適応の結果であるならば客観的にみて幸せではない可能性がある」（玉手 2018: 353）ということを意味している。そして、その議論は、ひいては、「人々の選好は歪んでいる可能性があるのだから、当人たちが何を望んでいるのかを離れて彼らの利益を客観的に判断しなければならない」（同前：353-354）というパターナリズムの議論へと拡張していくのである。

マーサ・ヌスバウムは、適応的選好形成と本書のテーマに関してより直接的なことを論じている。ヌスバウムは『女性と人間開発――潜在能力アプローチ』（2000=2005）において、被差別・抑圧下におかれた女性の適応的選好形成を考察するにあたって、センの理論の視点を支持しつつ、独自の理論を展開している[6]（ヌスバウム 2000=2005: 166）。

ヌスバウムの著書のなかには、インド人女性のバサンティのエピソードがたびたび登場する。バサンティの夫は、ギャンブル好きな大酒飲みで、バサンティに暴力をふるっていた。最終的に夫のもとを立ち去ったバサンティではあったが、以前は「虐待は痛ましく悪いことではあるが、しかし、依然としてそれは女性の運命の一部であり、自分の家を出て夫の家に入ることによって男に依存せざるをえない女性として耐えなければならないもの」（同前：135）であると考えていた。ヌスバウムはこのような状態は、「〔自分が〕権利を持った人間であり、その権利が侵されているということを理解していない」(同前：165)状態であり、「虐待に耐えるという「選好」(もしそう呼ばなければならないなら)は間違っているということ、そのような「選好」は「身体的な尊厳を守るという選好」と同じような役割を社会政策において果たすべきではないということ」(同前：135)を主張している。

このような議論は、本書の第2章で論じた観点にも結びつく。つまり、適応的選好の理論は、「なぜ暴力関係から逃れないのか」という問いに対する回答として第2章で紹介したような声(①「(加害者と)離れたくない」、②「私は相手のことをよく知っている」、③「依存によって生きのびられる」、④「私はマゾヒストである」)を不適切な選好と指摘することで、第1章で紹介したような回答(①加害者の暴力によって無力化しているから、②加害者の「愛情」に固執しているから、③加害者に支配／洗脳されているから、④加害者に依存しているから)こそが正しい回答であると置き換えるものになる。言い換えれば、適応的選好形成が導きうる議論は、本書が追ってきた人びとに対して、問題含みな意味でのパターナリスティックな視点を提示する可能性があり、第2章で紹介したような歪な愛の語りを無効にしてしまうものになるということである。

2-2　他害

2-2-1　自由論と愚行権

一九八七年、信田さよ子が旧ユーゴスラビアのザグレブにて訪問したアルコール病棟では、患者たちの自由時間はほとんどなく、休む暇もないほどに忙しいプログラムがくり広げられていた。退院後は、自分の地域にあるアルコールグループに通うことが半ば義務づけられていた。そこでは、本人の名前とともに三年間の予定がぎっしり印刷されたカードが配られ、ミーティングでは、参加者全員で抗酒剤を服用するなど医療管理も行われていた。

この経験を経て、信田はつぎのように述べている。

> たしかにアルコールを飲めば死に至るかもしれない。徹底した治療体制によって管理されることで、再飲酒を免れ断酒へと方向づけられるかもしれない。しかし、私はこの地でアル中になりたくないと思った。当時から、日本のアルコール治療の不十分さに憤りすら感じていた私だったが、カードに印刷された、断酒に向けての緻密で息の詰まるような日程表を見ながら、「酔っぱらって死ぬ自由がほしい」と思わずつぶやいてしまったのである（信田 2012: 11）。

私は自著『共依存の倫理』にてこの例を紹介し、ここに見えてきた「介入と治療からの自由」という視点こそ、現在の回復論が見落としがちなものであるという旨を記した（小西 2017: 263）。この議論を受けて、奥田太郎は、「酔っ払って死ぬ自由」や「治療しない自由」と類似的な視点として、「共依存し続ける自由」という観点を提示している。ただし、奥田によれば、「酔っ払って死ぬ自由」や「治療しない自由」は典型的な愚行権の問題であるに対し、「「共依存し続ける自由」は、愚行権の行使には尽きない、他者への危害との関係を直接的に含んでいる」（奥田 2019: 11）。

ここで言われている愚行権において想定されている主要な理論は、ジョン・スチュワート・ミルの著書『自由論』（一八五九）で論じられている危害原理であろう。

ミルによれば、私たちが他者の自由に対して個人や集団として介入する場合、「唯一正当な目的は自己防衛」であり、「本人の意向に反して権力を行使しても正当でありうるのは、他の人々への危害を防止するという目的の場合だけである」。「身体面であれ精神面であれ、本人にとってよいことだから、というのは十分な正当化にはなら」ず、「そうした方が本人のためになるとか、本人をもっと幸福にするとか、他の人々の意見ではそうするのが賢明で正しいことですらあるといった理由で、本人を強制して一定の行為をさせたりさせなかったりすることは、正当ではありえない」（ミル1859＝2020: 27-28）。〈第三者〉が〈当人〉の行いに対して、それは「愚行であるとか、常軌を逸しているとか、不適切だとか考えたとしても、彼らに危害がおよんでいるのではない限り彼らから妨害されない」（同前：33）べきであり、〈当人〉こそが、自身に関することの最終的（かつ最良の）判断者なのである。ミルは、賭博、酩酊、性的放縦、怠惰、不潔などを愚行の例としてあげており、通常、これらの行為は、本人を愚かにするがゆえ、好ましいものではないという判断が〈第三者〉から下されるだろうし、その行為を規制するような法や政策がとられることもあるが、そのようなパターナリスティックなあり方は正当でないとする。このように、ミルの『自由論』は他者に危害を加えない限りにおいてのパターナリズムを批判するものであり、愚行に対する自由を説いたものである。

ミルの『自由論』において重要なことは、ミルは、「直接的に、かつ最初の段階において」「本人にしか影響しない」ものに対しての自由を認めているということである（ibid.: 32）。ミル自身も、「人は誰でも、完全に孤立した存在ではない」がゆえに、「自分自身に深刻な危害や永続的な危害を与える行為は、どんな行為にせよ、少なくとも近親者にまでは必ず害悪がおよぶし、もっと遠くにまでおよぶことも多い」（ibid.: 178）ことを認めている。たとえば、飲酒して酔っ払うこと自体は、法によって干渉されるべきではないが、飲酒の影響で他人に暴力をふるったことがある人に関しては、法律による規制や処罰の対象となってしかるべきだということである（ibid.: 215）。そうであるならば、ミルは暴力を誘発するような飲酒行為は不当であると見なすだろう。このような点を確認すれば、奥田が指摘しているように「「共依存し続ける自由」は、愚行権の行使には尽きない、他者への危害との関係を直接的に含んでいる」ということの意味がわかるだろう。

先に紹介したザグレブのアルコール病棟にいた個々の患者たちが、どのような経緯でこのプログラムを受けることになったのかという詳細な事情は不明である。しかし、アルコール依存症者たちは、自身の依存症と関連性をもつ形で、家族をはじめとする周囲の人たちに（場合によってはより広範な領域で）それ相応の迷惑・危害を加えていることが多い。だからこそ、アルコール依存症の研究は家族研究を軸としながら発展してきたし、依存症治療の対象は、本人だけでなく、その配偶者やパートナー、そして、家族全体にかかわるものだと考えられてきた。だとすると、アルコール病棟の患者たちに向けられて発せられた「酔っ払って死ぬ自由」の背景にあるものは、ミルの想定する愚行権の範囲内におさまるものと断言するわけにはいかないだろう。

他方、もしアルコール病棟の患者たちが、アルコールを飲み続けるためだけに特別な環境を用意しようと試み、それを実現するのであれば、それはミルの愚行権に相応する状況になるだろう。『共依存の倫理』において同文脈で紹介した映画『リービング・ラスベガス』の主人公で、孤立した状態で酒を飲み続けることで自殺しようとしたベンの行動は（ヒロインであるサラがベンのそばにいたいと申し出て、ベンが「酒を飲むな」と言わない限りにおいてそれを受け入れるとの条件を提示したとしても）、愚行権の行使に相当するように思われる。

さて、愚行権においては、その自由を「促す責任が周囲の人間に発生」し、その自由は「周囲の人々にそれを支える応答を要求する一種の道徳的権利とみなされるべきものでもありうるし、場合によっては、道徳的な義務の一つということにもなりうる」（奥田 2019: 11）。ただし、前節でドラマ『ラスト・フレンズ』への考察において示唆しているように、本書は共依存的な関係にかかわるにあたって、その関係を維持する権利や義務のようなものが生じるということを主題とする立場をとってはいない。

親密な関係に生じた暴力問題において、〈当人〉が相手に愛着を抱いているような場合、〈当人〉がどのような人であり、その人がどのような状況や気持ちを抱えているのかといった個別具体的な文脈に応じて、その都度かかわっていくしかないという立場を本書はとっている。このような、権利とも義務とも結びつきかねるような自由こそが、この本が問おうとしているものなのである。

2-2-2　自由の不在

本書は「他者への危害との関係を直接的に含んでいる」関係を前提としたものである。その危害は身体的暴力のようなわかりやすいものだけでなく、他者支配をはじめとする精神的暴力といわれるものも、もちろん含んでいる。

そして、本書では、そのような関係に何らかの愛着を見いだす人の声を追ってきた。暴力関係を築いているにもかかわらず、相手と「離れたくない」と訴えたり、「あなたは相手のことをわかっていない」とか「私は相手によって救われている」と主張してきたり、はたまた「私は支配されたい（あるいは暴力をふるわれたい）」などと言われたとき、〈第三者〉が、〈当人〉が適切な判断ができない状態になっていると考え、あるいは、〈当人〉が何と言おうと〈当人〉の生命保護を行うべきと考え、介入的措置をとろうとすることがある。「そうした方が本人のためになるとか、本人をもっと幸福にするとか、他の人々の意見ではそうするのが賢明で正しいことですらあるといった理由で、本人を矯正して一定の行為をさせたりさせなかったりすることは、正当ではありえない」という論理はここでは消え去るものであると、パターナリズム批判を論じるミルでさえ考えるだろう。

ミルは、「他の人々の利益となる積極的な行為で、本人に強制しても正当な行為」として、

「同胞の生命を救ったり、虐待に無防備な人々を守るために介入したりといった一定の個人的慈善の行為など、いついかなるときでも明らかに人間の義務であるような行為」をあげており、「他の人々への危害は、行為によってばかりでなく行為しないことでも引き起こされる」（ミル1859=2020: 30-31）とも述べている。ミルの理論は、親密な関係に生じる暴力問題へのパターナリズム的な介入を支持しているのである。

さらに、ミルによれば、危害原理が受容する自由は、成人にのみ適用されるものであり、未成年には適応されない（ibid.: 28-29）。つまり、本書が検討してきた児童虐待に見られる〈当人〉たちの心情は、そもそもミルの理論では考慮の対象とはならず、子どもたちはパターナリズムを受け入れるべき存在だということになる。

ところで、ミルを引用するまでもなく、「他者に危害を及ぼさない範囲で自由が許される（人に迷惑をかけなければ何をしてもよい）」という考え方は、現代社会において支配的なものであるように思われる。加えて、子どもは大人が守るべきであり、未熟な子どもを害悪から守るのは大人の務めであるという考え方も、少なくとも現代日本においてはごく一般的なものであろう。大まかな観点からすれば、ミルの自由論は、現代における親密な関係に生じた暴力問題に対する一般大衆の考え方と、非常に相性のよいものである。

私は、親密な関係に生じる暴力関係に対して、一切の介入が望ましくないと考えているわけではない。『ラスト・フレンズ』においてシェアハウスのメンバーが美知留を暴力関係から救出したような関わり方は重要な観点の提示だと考えているし、修復的正義のプログラムをDV問題に適応し、関係性の修復の可能性や着地点を見つけるために〈第三者〉が働きかけることは、多くの人に希望をもたらすものだと考えている。

しかし、暴力関係ないし危害関係があるためパターナリズムが許容されると考えるとき、そこで想定されるのは多くの場合は暴力関係を築いている二者の分離であったり、暴力関係を許容しているように見える〈当人〉の意識改善（洗脳からの解放）であったりするだろう。本書が問題視しているのは、そのような考え方が固定化されることで、〈当人〉が有している別のニーズが見えなくなっていることである。

また、本書では、危害を加える存在である「加害者」とされる人の救済の必要についても考察してきた。もちろん、現在、一部の専門家らによって加害者プログラムが日本に普及していないことが問題視されており、再犯防止や加害者自身の救済を目指すような主張や動きは存在している。そうした動きは、最終的には加害の撲滅を目指すということとも道を同じくするであろうことから、実は危害原理と相性のいいものである。

しかし、トルーディ事件で確認したように、親密な関係に生じる暴力問題においては、加害者プログラムでの問題解決とは異なる層の難問が存在する。おそらく、一部の暴力問題には、潜在的にトルーディ事件に見られるような要素が含まれているだろう。しかし、その問題を、攻撃性をもつ人の責任としたり、その攻撃性をもつ人に執着しているように見えてしまう人の責任としたりするのではなく――解決が途方もなく困難に思われるかもしれないが――トルーディがその生を賭けて訴えたことから学ぶ仕方、すなわち、スカイのような攻撃性をもつ人の自由をいかに「人権的」な仕方で制限するかに尽力するのではなく、スカイのような人がどうしたら社会で生きることができるのかを追究する仕方で、この難問に取り組みはじめることはできないだろうか。

暴力関係に留まり、相手に執着しているように見える人のなかには、トルーディほどまでに明白で自覚的な仕方ではなかったとしても、相手が抱える困難を理解し、その困難に寄り添おうと奮闘している人が少なからず存在するだろう。昨今、世界的に精神障害者の精神病院からの解放が訴えられてはいるが、スカイのような攻撃性をもつ依存者への自由は、どのような形で担保されているのか、あるいは、どのような形で疎外されているのか、十分に検討する必要がある。

トルーディ事件を考察すれば、障害などが理由となり、攻撃性を有する存在が、危害原理においてははじめから考慮の対象になっていないことがわかるだろう。したがって、本書のこれまでの議論をふまえて考えるのであれば、暴力関係やそこに内在する歪な愛を〈第三者〉がケアする場合は、危害原理のような他者を害することを悪とする視点を棚上げする必要があるかもしれない。あるいは、スカイの攻撃性のもととなっている自閉症の撲滅やその治癒のための研究を行ったりするのではなく、「他者を害する他者」がこの世界には存在するという前提からはじめたうえで、この世界のあり方や、その他者たちとどのように関係を結ぶことができるのか——トルーディがそれを実現しようとしたような姿勢で——考える必要があると思われる。なすべき介入というのがあるとするならば、そのような形が求められているのではないだろうか。そのためにも、スカイのような人といかにしたら共存できるのかという難問は、今後考えるべき重要な課題である。

以上のように、親密な関係に生じる暴力問題において、私は一切のパターナリズムが禁じられるべきだと考えていない。パターナリズムは〈当人〉たちの側からも必要とされることがある。しかし、親密な関係をめぐる現行のパターナリズムは、（本書でここまで論じてきたように）一部の〈当人〉の声を不可視化することに加えて、その人たちの苦悩をさらに深刻にするものであるため、〈当人〉たちはそのようなパターナリズムから自由になってしかるべきではないだろうか。

もちろん、奥田が指摘するように、「自由の寄る辺なさに耐えられない多くの人びとは、共依存し続ける自由であったとしてもそれが自由である限り、そこから逃走してしまう」[7]

（奥田 2019: 11-12）かもしれない。しかし、「現代社会において、共依存し続ける自由は禁止されている、あるいは少なくとも後ろ指を指されるようなこと」（小西 2019a: 28）である。そうであるならば、自由から逃走することが考えられる以前に、その自由こそが、主張されるべきことなのではないだろうか。

2-3 自傷

2-3-1 「傷」というアイデンティティ

ジュディス・ハーマンは、著書『心的外傷と回復』（一九九二）において、「サバイバーが完全に自分自身のセルフケアの責任を放棄してしまったり、自傷他害の恐れが今すぐにもあったりする場合は、その人の同意があろうとなかろうと、迅速に介入する必要がある」（Herman 1992: 133）と述べつつ、「その場合であっても、一方的な行動は求められておらず、サバイバーは依然として、安全と両立する範囲内で、自分の希望をたずねてもらい、できるだけ多くの選択肢を与えられるべきである」（ibid.: 134）とするような慎重な記述をしている。つまり、ハーマンはトラウマを抱えている〈当人〉たちの主張をまったくもって無視した一方的な介入をすべきであると考えているわけではない。

とはいえ、このようなことは「安全と両立する範囲内」での話ではあるし、それ以前に、精神科医である治療者としてのハーマンは、「治療」に一種の「善」を見いだしているように思われる。このことは、彼女が出会ってきた人たちが、実際に彼女に「治療」を求めていたということも大きいだろう。

ハーマンによれば、トラウマを負ったサバイバーの回復は大きくは三段階（①中心課題は安全の確立、②中心課題は想起と喪（remembrance and mourning）③中心的課題は通常生活との再統合）に分けられる。その過程でサバイバーが回復に対して抵抗を示す場合があるという。本書において重要なのは、回復の第二段階「想起と喪」（サバイバーがトラウマの物語を語る段階）に見られる、悪夢やフラッシュバックのようなトラウマ症状それ自体が、サバイバーにとって重要な意味をもつゆえに生じる回復への抵抗であろう。

〔トラウマによる〕症状は、失った人への忠誠を保つための象徴的方法かもしれないし、喪の代わりでもあるかもしれないし、未解決の罪業感の現れであるのかもしれない。社会的に意味のある形の証言をする機会がない場合には、多くのトラウマを抱えた人たちは、自分の症状を保持することを選択する（ibid. 183-184）。

また、ハーマンによれば、回復の第三段階「通常生活との再統合」において、トラウマによって破壊された古い自己の喪に服してきたサバイバーは、これから新しい自己や新しい関係を育てなければならず、「この仕事を完成させることで、サバイバーは自分の世界を取り戻すことができる」（ibid.: 196）。自己を自らのものにするためには、トラウマによって押しつけられた自己の一部を切り捨てなければならないというのである（ibid.: 203）。ここでハーマンが引用しているのは、父親による近親姦のサバイバー女性である。彼女は、サドマゾヒズムに関する性的反応に変容をもたらした経験をこのように語っている。

> それは私のファンタジーではないということが、本当によくわかりました。そのファンタジーは虐待によって、私に強いられたものだったんです。次第に、私はＳＭを思い浮かべなくても、父が私に何かしているところを思い描かなくても、オーガズムに達することができるようになりはじめたんです（Bass & Davis 1988: 264）。

ハーマンは、少なくともトラウマに起因していると解釈可能なサドマゾヒズムの欲望をもつ自己を保持し続けることには批判的であることがわかる。言い換えれば、被虐待経験者のＳＭ願望は好ましいものであるとは考えられていないということである。

さらに、ハーマンは、性的虐待のサバイバーが「虐待の再演」と呼ばれるものをくり返すと指摘している。ハーマンによれば、虐待の再演は、被害者がくり返し再被害を受けやすくなってしまうという意味で問題含みなだけでなく、その再演が快楽をともなうものであると考えられることで、性的虐待や性犯罪が被害者の欲求によるものであるという言説の生成に寄与してしまう懸念がある（Herman 1992: 111-112）。

このような論理は、第2章4節で言及したマゾヒスト批判ともつながるところであろう。そこで指摘したように、特に女性のマゾヒズムはトラウマによる破壊的かつ自傷的行為と見なされるにとどまらず、性的虐待や性被害、そして、暴力そのものを肯定しかねない危険な言説だと見なされている。マゾヒズムに関する実態は、必ずしもトラウマの影響下にあるものではないが、それがトラウマの影響下にあると考えられうる場合には、やはり回復が目指されるという立場が示されているということだろう。

しかし、マゾヒズムの欲望をもつ人が、たとえそれがトラウマによって根づいたものであったとしても、それを自身のアイデンティティと見なし、トラウマを抱えて生きていたいと考えることもあるということを忘れてはならない。その他にも、他者への忠誠を示すためや、他者を真に喪失したくないがゆえのトラウマ症状の維持も、〈当人〉にとってかけがえないことであるかもしれない。政治性を論拠として、こうした〈当人〉が〈当人〉であるための倫理を、人は奪ってはならないのではないだろうか。

中村英代は、『摂食障害の語り――〈回復〉の臨床社会学』（二〇一一、新曜社）において、当事者本人たちが意味づける〈回復〉と、医学的意味での回復とを区別しながら、「人々は摂食障害からどのように〈回復〉しているのか」という問いを立て、回復者の視点から〈回復〉ないし「（治し方ではなく）治り方」について明らかにしている。この研究を行うにあたって、中村が突きつけられた問いは「回復とは目指されるべき状態なのか」というものであったという。

中村が指摘するように、「近年は、個々人のさまざまな「生きづらさ」をめぐって、「回復しなくてもいいんじゃないか」、「生きづらくてもいいんじゃないか」という言説が社会的に普及してきた」（中村 2011: 5）ところもある。そんななかで、摂食障害を個人のライフスタイルとして主張するプロアナ（拒食症）やプロミア（過食症）を肯定する運動など、「反（アンチ）回復」という動きも生じている。この状態は、少なくとも回復とかかわる臨床、当事者運動や研究者業界では少なからず見られる現象のように思われる。このようなことを受けて、中村はつぎのように述べている。

回復を良き状態、目指すべき状態として安易に想定することは、治療を強いたり、この社会への適応を強いたりといった抑圧的な効果を生む。こうした意味では、回復すること自体に素朴な価値をおくことはできない。しかし、「回復することもできるけど、回復しなくてもいい」というスタンスと、ただ単に「回復しなくてもいい」と言い放つスタンスはずいぶんと違うだろう。……回復への疎外（回復を強いること）もよくないが、回復からの疎外（回復を目指すことなく、摂食障害という状態やそれによって生じる社会的損失を個人に受け入れさせること）も、臨床領域では問題として生じているのだ。

……本書では、回復しなくてもいいが、回復することもできる、そんなたくさんの可能性を提示することを目指したい（同前：6）。

中村が〈回復〉を目指す人を中心に研究を展開しているのに対して、私は「回復」に抵抗する人たちを中心として研究しているという点で、中村と私の立場は異なる。私自身は、世間一般的には、「回復すべきである」という言説が主流であり、「回復しなくていい」と考える立場は圧倒的なマイノリティだと考えているところもある。それでもやはり、〈回復〉というあり方に希望や可能性を見いだそうとしている人や研究に対して、「それは間違っている」とか「回復しなくていい」と言い放つことは暴力的なことだと考えており、「回復しなくてもいいが、回復することもできる」あるいは、「回復することもできるけれど、回復しなくてもいい」という中村の言葉に共鳴するところがある。

ただし、くり返しになるが、私はすべての介入に対して懐疑的なわけではない。「好きなように生きればいい」という言葉が、単なる放置、単なる放任となり、その責任は〈当人〉たちが背負わなければいけないという自己責任論に回収できてしまうようなあり方が導かれるのだとしたら、それは本末転倒だろう。誰もが誰かにどこかで寄り添われ、しかしながら、その寄り添いが双方にとって強要されることにならない形で、さまざまな生き方やアイデンティティの自由が、それぞれの場所と、それぞれの関わりのなかで与えられるのが理想なのである。

2-3-2　自殺的行為：肯定でも否定でもなく

自傷の先にある最大の悲劇的な帰結と考えられているのが、死、あるいは、自殺であろう。小松原織香による哲学エッセイ『当事者は嘘をつく』には、性暴力サバイバーとしての小松原の生き様が描かれている。性暴力という経験から、苦しみ、もがきながら、なんとか生きのびた小松原の姿は、多くの人に共感、希望、勇気をもたらすものであろう。彼女の研究や著書のキーワードとしてあがってくるのは、「生き延びの経験」や「サバイバー」というものであり、それらの語そのものも小松原の著書に存在するような力を秘めたものだと思う。

他方、小松原の著書のなかには、当時大学院生だった小松原の親しい友人の自死についても記されている。その友人は、「積極的に社会運動に参加しており、たくさんの活動家から信頼されている、若く有望な研究者」（小松原 2022: 119）だった。小松原は生前の友人の語りについて、つぎのように記述している。


生前に友人はこんなことを言ったことがある。

「サバイバーという言葉は、生きている人を肯定する。でも、それは死にたい人、死んでしまった人を否定する言葉だ」

私にとって、性暴力の経験は「生き延びた」という言葉に支えられている。どのような失敗や挫折があったとしても、いまここで「生きている」ことが素晴らしいのだと、私はどのようなサバイバーにも言えるだろう。だけど、かれらの「死」やその願望を肯定することはできなかった。

それにもかかわらず、友人の「死んでいく者たちを否定するのか」という問いかけに対して、私は答えを用意することができなかった（同前：119-120）。


この記述の後に綴られている、小松原がケータイ小説を執筆し、そこで何らかの当事者たちに応答していくエピソードは、小松原の小説のテーマが性暴力やＤＶ、避妊や中絶といったダークなものであるにもかかわらず、そして、そこでなされているやりとりは切実なものであることが想像されるにもかかわらず、なんとも明るく爽快なものであり、私はこの展開にも感銘を受けながら著書を拝読した。ここに描かれているのは、「生きのびる」ための知恵であると思う。

他方、私が「生きのびる」という言葉を耳にして、ときに感じてしまう締めつけられるような気持ちは、おそらくは小松原の友人の言葉に共鳴したくなるようなものである。特に死者を想うとき、「生きのびる」という言葉は、死者を（否定とまではいかなかったとしても）少なくともどこか忘却してしまうような、死者と生者の世界のあいだにある僅かなつながりからも死者を切り離してしまうような、そんな響きをもっている言葉のように、私にはどうしても聞こえてしまうのである。

もし死を思うほどの苦しみを感じている人が身近にいて、その人に何か働きかけることができる状況にあるのであれば、そして、〈当人〉がそれを受け入れてくれるのであれば、できる限り「生きのびる」ことが可能になるような関わりを模索するべきだろう。その相手が身近な人であればあるほど、その人への愛着が強ければ強いほど、人はその相手が無理をしてでも「生きのびる」ことを（その人が亡くなった後でさえも）どうしても願ってしまうだろう。それはエゴであるし、暴力的な作用さえもたらすだろう。しかし、エゴや暴力だからといって、私はそのような気持ちを否定するという立場にあるわけでもない。

他方、私は、死んでいく者たちの願望や死そのものをどうしても否定したくないのだ。これは第5章の3節で紹介したような死者たちの存在を忘却すべきでないという訴えというよりも、そのような死のあり方が否定されるということに疑問を抱いているということである。あるいは、その人が亡くなった側面だけが強調されてしまい、その人が生きた証や生きようとした姿までが「死という選択」に（その選択が肯定的に語られるにせよ、否定的に語られるにせよ）吸収されてしまうことが耐えがたいのである。

もちろん、自殺というものはそれが本人の選択によるだけのものだと言い切れるようなものではないため、――尊厳死や安楽死の議論に典型的に見られるように――その選択を完全に肯定することが別の生を否定してしまう議論にもつながる。そういう議論に接合してしまうような死の肯定は問題含みであろう。それでも、その議論をもって、誰かの死を否定することもまた、大いに問題含みなのではないか。

最終的に残るのは、その死を肯定も否定もせずに、その人の人生を判断したり評価したりするのとは別の仕方で、亡くなった人の存在そのものや、確かに生きぬいた姿、そして、もしその人が身近な他者であったとするならば、その相手が自分に与えてくれたり残してくれたりしたものを（よいものも悪いものもまとめて）受け止めて、それを肯定することなのではないだろうか。この見解は、喪の仕事の達成というよりも、トラウマの維持という観点から論じているものである。

ここに付け加えておきたいことは、死を切望していたあと「生きのびた」人のすべてが、その死を切望した自分より今の自分の方がよりよい（ないしよりよい状況にある）とは思っていないことである。死を望む世界に生きる人にだけあるよさもある。単純に生より死が優れているとか、「死にたい」より「生きたい」と思っている状態が好ましいという議論が見ていないものがあるのではないか。

また、自ら直接手を下したわけではないが、暴力をふるう人のもとにとどまったことで命を落としてしまう人もいる。ここまで確認してきたように、暴力関係への介入は、生命保護の観点から正当化されてきた。ほとんどの場合は、何よりも暴力の被害者の生命を守ることがなされるべきことと考えられている。そのような介入を退け、加害者のもとにとどまる人の行為は、まるで「自殺的行為」のように思われるかもしれない。

本書では、トルーディ事件において、トルーディが暴力をふるう息子を施設に預けずに彼と共に暮らし続けたことで批判されたことを確認した。このような「自殺的行為」は、自己責任論のような仕方で、その死が評価されてしまうのである。私はトルーディ事件のような状態に介入するべきではないと考えてはいない。しかし、もし彼女の手助けをするのであれば、トルーディと同じ目線に立つことでスカイをケアすることができるように尽力するか、彼女の（スカイが直接関わっていない意味での）日々の負担を軽減することに協力するか、あるいは、自閉症政策や自閉症の医療研究に参画するか、といったところだろう。

他に選択肢があったのではないかと思われるような死や、避けられたように思われた死を、ただその人のあり方として見つめることはできないだろうか。それでももし、その帰結に何か難点があるというのであれば、それは亡くなった人のせいではない。そこに潜む難点について問い、その難点を解きほぐしていき、世界のほんの少しだけでも変えるために尽力すべきなのは、そして、それができるのは、〈第三者〉のはずである。そのようなかかわり方のなかに、〈当人〉の生を、その生きぬいた証を、守りぬくあり方が潜んでいるのではないだろうか。

註

1 ドラマ『ラスト・フレンズ』には、この作品放送終了直後に放映された「スペシャルアンコール特別編 もうひとつのラスト・フレンズ」や、浅野妙子（脚本）、百瀬しのぶ（ノベライズ）の同名小説『ラスト・フレンズ』（扶桑社、二〇〇八）、そして、浅野妙子がドラマのその後を描いた小説『空――ラスト・フレンズ、その後』（扶桑社、二〇一〇）もあるが、本書では、本編ドラマに限定して検討している。

2　三橋順子は、二〇一四年頃、自身が担当した「ジェンダー論」の受講者が「日本にもレズビアンがいると知って驚きました。テレビなどに出てこないのでいないものだと思っていました」「今までレズビアンは性同一性障害の一種だと思っていましたが、今日の講義でレズビアンと性同一性障害は違うものだとわかりました」とコメントしたことからはじめ、レズビアンが隠蔽されてきたことについて問題提起している。三橋は、二〇一一年に放送当時一五～一九歳だった大学の受講生の調査をしたところ、その世代に限定すれば、『ラスト・フレンズ』の視聴率は五〇パーセントに迫っていたと思われるとしたうえで、『ラスト・フレンズ』では「性同一性障害」という論点は複数回掲げられる一方で、「レズビアン」という言葉が一度も使われていないことを指摘している。三橋の主張するように、「このドラマでは女性が好きな女性を描きながら、レズビアン的なものが隠蔽されているのは明らか」（三橋 2022：229）であると同時に、「脚本家が性的指向の問題であるレズビアンとジェンダー・アイデンティティの問題である性同一性障害（FtM）とを混同している、あるいは意図的に混乱させている」（同前：231）と言える。

3　制作者サイドの視点から見ると、だからこそ、人目につかない場所とはいえ、シェアハウスから物理的に距離のある場所で昼間に襲われ、シェアハウスのインターホンを押した直後に玄関先で倒れ込んでしまうほどの暴行を加えられたタケルが、（不自然なことに）暴行された後に自力でシェアハウスに戻ってくる必要が物語上あったと解釈可能である。タケルが救急車で運ばれたり、警察に保護されたりすることで、宗佑の行動を事件化させると、シェアハウスのメンバー間に成立していた絶妙なバランスが崩れてしまうかもしれないのである。

4　イソップ童話として有名だが、エルスターは著書内においてフランス語版であるラ・フォンテーヌの『寓話』も引用している。

5　③の操作以外を要約すれば、適応的選好は、①「情報に基づく」選好とその情報を得ることによって変化する選好（例：田舎に住むことで、その場所の利点を知り、都会より田舎を選好する）、②特定の実現可能な選択を排除することを目的として、実行可能な選択肢の集合を熟考に基づいて形づくることになるもの（例：お互いの気まぐれで相手に見切りをつけてしまうことの防壁として結婚する。自分たちの愛は適応的選好形成によるものではないと確信したいがゆえに、結婚することを差し控える）、④意識的で意図的な欲求の形成、⑤何らかの選択が行われる前に選択したものが明白な優位性をもつこと（つまり、選択がなされるものが選択前に接戦ではない）、⑥特定の物質を否応なしに消費せざるをえないような状態によって選好の変化が生じるもの、⑦選択状況によって影響を与えられるようなもの（例：読書がしたいという私の現時点での選好は、私がいま読んでいる本によってばかりでなく、それと同じくらいに、いま私の本棚に入っている様々な本によって形づくられたものでありうる）、⑧状況の評価よりもむしろ状況の知覚を変形させるものではない、ということである。また、エルスターは、「禁じられた果実は甘い」ということを意味するような適応的選好と正反対の概念も紹介しており、それを反適応的選好形成と呼んでいる（エルスター 1983=2018: 184-205）。

6　このような先行研究をもって、山本咲子は、女性の生活満足度や仕事満足度が男性に比べて高いという内閣府による調査結果の限界を提示している（山本 2019）。山本は、実際の労働環境における女性の処遇の問題が不可視化されることを問題視しているのであり、このような社会問題と位置づく点の不可視化に対する問題提起については支持したいと考えている。そうではなくて、私が問題提起しているのは、適応的選好形成の議論が支持されることによって、適応的選好形成に当てはまりそうな状況下におかれていると客観的に判断をされうる個人が、一面的な理解を押しつけられることである。

7　この記述は、エーリッヒ・フロム著『自由からの逃走』（一九四一）が念頭に置かれている。また、アンソニー・ギデンズは、共依存を後期近代以降における「自由からの逃走」を実現した逆再帰性のあり方のひとつとして論じている。このような点の考察についても（小西 2017）にて行っている。

あとがき

私にとってはじめての単著『共依存の倫理』が二〇一七年九月に出版されてから、早くも六年が過ぎようとしています。

あのころ一歳だった双子の娘たちは、七歳になりました。この本が出版される頃には八歳になっているでしょう。生まれたときから「顔も性格も全然違う！」と衝撃的だった二卵性の二人は、それぞれの個性を発揮しながら元気に育ってくれています。甘えんぼうで、思いやりのある子どもたちは、抱えきれずに倒れてしまいそうなほどの大きな愛を降り注いでくれています。

あのころポスドク（日本学術振興会特別研究員）だった私は、その約半年後に大学教員になりました。研究ばかりしていて教育経験がほとんどなかった私も、かれこれ教員六年目。「私なんかに研究指導ができるのかな」と脅えながら教室に入っていたころが懐かしいくらい、今ではそれぞれの問いに真摯に向き合う学生さんたちのパワーや優しさに励まされる日々を送っています。

大きな変化がたくさんあった、育てつつ育てられるといった六年でした。

そのようなエネルギーに満ちあふれた日々は、決して順風満帆なものというわけではなく、崩壊寸前みたいなこともそれなりにありました。特に二〇一八年度以降の数年間は、目眩がするような日々でした。悪い環境に置かれていたというわけでは決してなく、むしろ恵まれた環境にあったのですが、それでもオーバーワークになってしまう現状があるということかと思います。

この状況を乗り切ることができたのは、間違いなく家族のおかげです。

ボロボロになっていく私を見かねた義両親は、「全部自分でやろうとするのは、無理なこと。大切なことは助け合うことだ」と言ってくれました。そんな言葉をかけてくれた義父は、二〇二一年の春に他界しました。義母は今でも、私の仕事が遅くなる日を中心に子どもたちの世話をしてくれています。急なお願いをすることもあるような、せわしない日常のなかで、いつも笑顔で応えてくださっています。

夫は私の仕事を誇りに思っていて、応援してくれています。大雑把な私に疲れることも多いみたいだけれど、根本的に揺るがないものをいつも与えてくれています。その軸があるから、私はきっと倒れずに、打ちのめされ切らずに、過ごすことができるのでしょう。そして、子どもたちはその存在そのものによって、ママに生きる力を与えてくれます。

さて、『歪な愛の倫理』は、私にとっては『共依存の倫理』を基礎とした続編に当たるようなものです。この本には、たくさんの共依存的とも言える歪な愛の形が存在していますが、私自身はそのような姿にもある種の真実性を見いだしてきたというところがあります。きれいな形を描くことはできないけれど、確かにそこにある愛を抱えながら生きる人びと。割り切れなさに傷つきながらも、その傷のなかに自身の存在そのものの意味を見いだしている人びと。それは誰かが決めた正しい愛の形やあるべき姿によって回収しきれるようなものではありません。

「歪」は「不正」という文字を積み上げた形をしていますが、たとえ正しいと言えないようなものであったとしても、そして、他者から見れば不可解だったり、別様に解釈されたりしてしまうようなことであったとしても、〈当人〉にとっては譲れないものがあるということについて、私はずっと考えてきたように思います。そのうちのいくつかのことを、この本には書き記したつもりです。

この本の積み残しや、今後の予定のいくつかを記録しておきたいと思います。

まず、この本でされている議論は、私がこれまで研究してきたケア論にかんする問題関心ともつながっています。この本に収録されている既刊の論文では、それについてはっきりと言及しているものもありましたが、本書においてはその部分も含め、ケア論についてあえて記述していません。そうしたのは、この本が届いてほしい先を考えたとき、少しでも読みやすいものにしたかったということころが大きいです。これまでのケア論に関する研究成果は、別の本にまとめたいと思っています。

続いて、スカイのような攻撃的な存在との共存可能性について、この本では深く追求するまでには及びませんでした。この点に関しては、日本をはじめとする世界の精神障害施設（撤廃）の研究や実践、精神障害と暴力の関係や自閉症を取り巻く親密な関係性をめぐる研究などに対するより詳細な研究が必要になってくるでしょう。精神障害者とされる人に対するスティグマティックな捉え方が問題であるのはもちろんですが、それと同時に、事実として存在するネガティブな要因を矮小化したり、過度にノーマライズすることで肯定したりすることも、問題を直視していない状況であると考えます。スカイとトルーディの事件から浮かび上がる問いは、考えれば考えるほど難問で、途方もないことのように思われますが、その問いを手放したくないと思っています。

この本の第6章では、私が長年取り組んできた観点としての「治療と介入からの自由」あるいは「回復するということからの自由」について検討しました。その具体的なあり方として、私が検討しているもののひとつが（この本でも一部言及している）サドマゾヒズム、S

Mです。

もちろんサドマゾヒズム、ＳＭは、後天的な嗜好に限定されるものでも、トラウマを絶対条件とするものでもありません。しかし、サドマゾヒズムやＳＭの研究や実践を調査すれば、虐待等のトラウマを抱えたまま生きたいと望んでいる人がいること、それを「治す」ことなど想定さえしていない人がいること、あるいは、トラウマを抱えた人たちが回復とは別の形で救済されることを可能にする場所が存在することが分かってきます。トラウマを抱えた人の生のあり方のひとつとしてのＳＭについて提示したいと考えています。

サドマゾヒズムやＳＭのみならず、「回復せずに生きる」ということについて、これまで書いてきたものとは別の形態で、つまり、より広い読者に届けることが可能な形で、まとめる予定もあります。自らが辿ってきた道のりや出会った人びとについてまとまったものを書くのははじめてで不安もありますが、個人の語りや生き方を大切にしながら、じっくりと筆を執っていきたいです。

この本の主題ではなく、二〇二一年に刊行した共編著『狂気な倫理』収録の論文「「不幸」の再生産――世代間連鎖という思想の闇」を通じて考えはじめたことなのですが、親の問題を子どもが引き継ぐことを意味する世代間連鎖の言説が〈当人〉たちにもたらす諸問題について、優生思想との接点に目配りしつつ研究を深めていきたいと思っています。

さらに、これは極めて論争的なものとなることが予測されますが、グルーミングや性的虐待を中心に据えることで、この本と類似的な視点からの検討も継続したいとも思っています。

＊

ここで、この本の出版を支えてくださった方々への感謝を記したいと思います。

まず、草稿に目を通してくださった研究者仲間の小田切建太郎さん、亀井佑佳さん、河原梓水さんにお礼を伝えたいです。小田切さんと亀井さんは、立命館大学大学院文学研究科哲学専修（博士前期課程）で学んでいたころからの友人です。当時、小田切さんは、哲学研究や語学の劣等生である私に、丁寧に勉強を教えてくれました。亀井さんは、哲学専修で風変わりな研究をしていた私の論文をいつも熱心に読んでくれた、私にとっては研究業界におけるはじめての「読者」のような方です。河原さんとは同大学院先端総合学術研究科（博士後期課程）のゼミで出会いました。研究のディシプリンが重なったことはなかったにもかかわらず、今ではSMの共同研究をさせてもらっているほど親しい研究者です。みなさんが草稿を読んだうえでくださったコメントは、それぞれの思い出を想起させるようなもので、読んでいてじんわりとした気持ちになりました。

この本の内容は、二〇二二年度の秋冬学期に、大阪大学における臨床哲学講義と、立命館大学における倫理学特殊講義のなかでも取り扱いました。学生さんの意見や反応から学んだところも多いです。何よりも、この本に書かれているような内容に耳を傾け、自分事として考えてくれていた学生さんたちに勇気づけられてきました。研究業界において近しい立場で研究している人がごく僅かなように思えている私にとって、この研究について少しの時間でもいっしょに考えてくれる人たちがいることは、大きな支えとなります。

大阪大学大学院生（博士前期課程）の吉田裕香さんには、初校の校正作業をお手伝いいただきました。とても細かく丁寧なお仕事からは、この本が少しでも読みやすくなるようにという温かな気持ちが伝わってきました。吉田さんは臨床哲学講義にも出席されていて、真摯なコメントを寄せてくださっていた学生さんの一人です。この本に関わっていただけたことをとてもうれしく思います。

私が大学院生のころから、長年インタビューに協力してくださっているみゆきさんと薫さんにも感謝の意を示したいです。みゆきさんは、住んでいる国が異なるにもかかわらず、彼女が帰国したときには会って近況報告している友人です。いつも日本で会っているので、来年あたりはみゆきさんの住んでいる国に行って、今のみゆきさんが触れている風土を感じながらお話を聞きたいです。薫さんとは数年前にお会いして以来ですが、いつも「こんなこと聞いてもいいのかな」というくらいのことを信頼して話してくださるありがたい方です。この本を久しぶりにお届けしたいと思います。

この本は、日本学術振興会科学研究費助成事業若手研究「嗜癖的関係性と家族の「病理」をめぐる臨床哲学的研究」（19K12922）（二〇一九―二二年度）、基盤研究（C）「児童虐待の規範的言説をめぐる倫理学的考察」（23K00009）（二〇二三―二六年度）、サントリー文化財団二〇二二年度研究助成「学問の未来を拓く」「SM研究――支配と暴力をめぐる欲望の歴史・文化・実践」の助成を負っています。文献およびフィールド調査によって多くのことを学ぶことができました。

多忙につき、意識が拡散し、自分の核となる研究がいつも後回しになって、自分の軸足が研究から引き剝がされそうな日々を送っていたころ、私にこの本の執筆を呼びかけてくださったのが筑摩書房編集者の柴山浩紀さんでした。そのことが契機となって、私は自分の研究領域に軸足を据えなおすことができました。大変にありがたいことです。校閲担当の方も含め、校正作業では多大な尽力をいただいたことがうかがえました。お忙しいなか、この本の編集に向き合ってくださって、本当にありがとうございます。

この本を執筆しているあいだに、とても悲しい出来事がありました。その人が生きているあいだにくれた言葉は、丁寧で、まっすぐで、思慮深いものでした。一生懸命、私の言葉に耳を傾け、その言葉に接近しようとしてくれる人でした。相手のことを懸命に考えている、とても優しい、優しすぎる人でした。この本のなかには、その人の言葉、その人が教えてくれたことが隠れています。この本の内容は、その人に捧げたいと思います。

二〇二三年九月　晴れた日の富士山を思いながら

小西　真理子

事物索引

あ行

か行

さ行

た行

人名索引

参考文献

Allen, Holly, 2017, "Bad Mothers and Monstrous Sons: Autistic Adults, Lifelong Dependency, and Sensationalized Narratives of Care," *Journal of Medical Humanities*, vol.38 (1).

Aman, M. G., Lam, K. S. L. & Collier-Crespin, A., 2003, "Prevalence and Patterns of use of Psychoactive Medicines among Individuals with Autism in the Autism Society of Ohio," *Journal of Autism and Developmental Disorders*, vol.33 (5).

あさみまな 2010『いつか愛せる――DV共依存からの回復［新版］』朱鳥社

浅野房雄 2009「保育の場における虐待の理解と対応」つくば国際短期大学『紀要』vol.37

Baker, Lee Dana & Steuernagel, Trudy, 2009, "Comparative Policy Entrepreneurship: The Case of Autism-Related Policy in North America," *Journal of Comparative Policy Analysis*, vol.11 (2).

――2013, "Comparative Canadian and United States Autism: A Narrative Analysis," *Review of Disability Studies: An International Journal*, vol.8 (4).

Barocas, B., Emery, D. & Mills, L. G., 2016 "Changing the Domestic Violence Narrative: Aligning Definitions and Standards," *Journal of Family Violence*, vol.31.

Bauer, Ann, 2009, "The monster inside my son," *Salon*, March 26. https://www.salon.com/2009/03/26/bauer_autism/（2019年9月11日取得）

Bass, E. & Davis, L., 1988, *The Courage to Heal: A Guide for Women Survivors of Child Sexual Abuse*, Harper & Row.

Benjamin, Jessica, 1988, *The Bonds of Love: Psychoanalysis, Feminism, and The Problem of Domination*, Pantheon Books.（寺沢みづほ訳 1996『愛の拘束』青土社）

Braithwaite, John & Kathleen Daly, 1994 "Masculinities, Violence and Communitarian Control," Tim Newburn & Elizabeth A. Stanko eds., *Just Boys Doing Business?: Men, Masculinity and Crime*, Routledge.（鴨志田康弘訳 2008「男性性、暴力と共同体主義的制

御」西村春夫他監訳『修復的司法の世界』成文堂）
Braithwaite, John, 2006, "Accountability and Responsibility through Restorative Justice," In Dowdle, Michael. ed. *Public Accountability: Designs, Dilemmas and Experiences*, Cambridge University Press.
Brugère, Fabienne, 2011, *L'Éthique du "Care" : Que sais-je?*, Press Universitaires de France（原山哲・山下りえ子訳 2014『ケアの倫理――ネオリベラリズムへの反論』白水社）
Califia, pat, 1988, *Sapphistry: The Book of Lesbian* Sexuality Third Edition Rerised, Naiad Pr.（原美奈子訳 1993『サフィストリー――レズビアン・セクシャリティの手びき』太陽社）
――1994, *Public Sex: The Culture of Radical Sex*, Cleis Press.（東玲子訳 1998『パブリック・セックス――挑発するラディカルな性』青土社）
Carmpton, David S. & Rideout, Patricia L., 2011, "Restorative Justice and Child Welfare: Engaging Families and Communities on the Care and Protection of Children," Elizabeth Beck, Nancy Kropf P. & Pamela B. Lenard, eds., *Social Work and Restorative Justice: Skills for Dialogue, Peacemaking, and Reconciliation*, Oxford University Press.（林浩康監訳 2012「児童福祉現場での修復的正義――子どものケアと保護における家族とコミュニティの連携」『ソーシャルワークと修復的正義――癒やしと回復をもたらす対話、調停、和解のための理論と実践』明石書店）
CBS News 2009a, "Autistic Teen Accused of Killing Mom," *CBS News*, February 14. https://www.cbsnews.com/news/autistic-teen-accused-of-killing-mom/（2022年3月14日取得）
――2009b, "Autistic teen pleads not guilty in mom's death," *CBS News*, Murch 21. https://www.nbcnews.com/id/wbna29793576（2022年3月14日取得）
Cermak, T.L. 1986, *Diagnosing and Treating Co-Dependence: A Guide for Professionals Who Work with Chernical Dependents, Their Spouses, and Children*, Johnson Institute Books.
Connors, Joanna. 2009, "Kent State professor Trudy Steuenagel's fierce protection of her autistic son, Sky Walker, costs her life: Sheltering Sky," *The Plain Dealer*, December 6. https://www.cleveland.com/

metro/2009/12/kent_state_professor_trudy_ste.html（2022年3月14日取得）
Curtis-Fawley, Sarah & Daly, Kathleen, 2005 "Gendered Violence and Restorative Justice: The Views of Victim Advocates," *Violence Against Women*, vol.11 (5).
Daly, Kathleen & Stubbs, Julie, 2006 "Feminist Engagement with Restorative Justice," *Theoretical Criminology*, vol.10 (1).
Dissel, A. & Ngubeni, K., 2003, "Giving Women Their Voice: Domestic Violence and Restorative Justice in South Africa. In XIth International Symposium on Victimology. http://www.csvr.org.za/docs/gender/givingwomenvoice.pdf（2022年11月26日閲覧）
Elster, Jon, 1983, *Sour Grapes: Studies in the Subversion of Rationality*, Cambridge University Press.（玉手慎太郎訳 2018『酸っぱい葡萄——合理性の転覆について』勁草書房）
Favazza, A.R. & Conterio, K. 1989, "Female Habitual Self-Mutilators," *Acta Psychiatrica Scandinavica*, vol.79 (3).
古屋龍太 2015『精神科病院脱施設化論——長期在院患者の歴史と現状、地域移行支援の理念と課題』批評社
Goleman, Daniel, 1985, "New Psychiatric Syndromes Spur Protest," *The New York Times*, 19 November 1985.
Herman, Judith, 1992, *Trauma and Recovery: The Aftermath of Violence; From Domestic Abuse to Political Terror*, Basic Book.（中井久夫訳 1999『心的外傷と回復［増補版］』みすず書房）
東玲子 1998「訳者あとがき」カリフィア、パット著、東玲子訳『パブリック・セックス——挑発するラディカルな性』青土社
平山真理 2010「性犯罪と修復的司法」細井洋子・西村春夫・高橋則夫編『修復的正義の今日・明日——後期モダニティにおける新しい人間観の可能性』成文堂
Hitchcock, R. A., 1987, "Understanding Physical Abuse as a Life-Style," *Individual Psychology*, vol. 43 (1).
河原梓水 2022「狂気、あるいはマゾヒストの愛について——1950年代『奇譚クラブ』における「女性のマゾヒズム」論を読む」小西真理子・河原梓水編著『狂気な倫理——「愚か」で「不可解」で「無価値」とされる生の肯定』晃洋書房
上岡陽江、大嶋栄子 2010『その後の不自由——「嵐」のあとを生き

る人たち』医学書院
上岡陽江＋ダルク女性ハウス 2012『生きのびるための犯罪《みち》』イースト・プレス
上岡陽江・宮本容子・楪原節子・高橋加奈 2015「生きのびるためのアディクション（自傷）」『アディクションと家族』31 (1)
Khantzian, E.J. & Albanese, M.J., 2008, *Understanding Addiction as Self Medication: Finding Hope Behind the Pain*, Rowman & Littlefield Publishers.（松本俊彦訳2013『人はなぜ依存症になるのか――自己治療としてのアディクション』星和書店）
河野貴代美 2006『わたしって共依存？』日本放送出版協会
川崎二三彦 2011「親から虐待されている子はなぜ親をかばうのか」『児童心理』vol.65 (16)
小松原織香 2022『当事者は嘘をつく』筑摩書房
小長井賀與 2010「児童虐待と修復的実践」細井洋子・西村春夫・高橋則夫編『修復的正義の今日・明日――後期モダニティにおける新しい人間観の可能性』成文堂
小西真理子 2016「DV における分離政策のオルタナティヴのために――リンダ・ミルズおよび修復的正義の視点」『生存学研究センター報告――〈抵抗〉としてのフェミニズム』vol.24
――2017『共依存の倫理――必要とされることを渇望する人びと』晃洋書房
――2019a「「異なる語り方」に向けて――著書『共依存の倫理』書評への応答」『立命館生存学研究』vol.2
――2019b「親をかばう子どもたち――虐待経験者の語りを聴く」『現代思想』vol.47 (12)
――2019c「「ケアする責任」と「ケアしない責任」――現代家族の「依存」に着目して」『現象学年報』vol.35
――2020「攻撃性をともなう依存者へのケア――自閉症児の母親トルーディ事例の検討」『立命館文學』vol.665
――2021「支配する技術・欲望される支配――SM をめぐるトラウマ研究に向けての試論」『臨床哲学ニューズレター』vol.3
――2022「まえがき」『狂気な倫理――「愚か」で「不可解」で「無価値」とされる生の肯定』晃洋書房
Koss, Mary P., 2000 “Blame, Shame, and Community: Justice Responses to Violence Against Women,” *American Psychologist*,

vol.55 (11).
厚生労働省 2013「子ども虐待対応の手引き（平成25年8月改正版）」https://www.mhlw.go.jp/seisakunitsuite/bunya/kodomo/kodomo_kosodate/dv/130823-01.html（2022年3月7日取得）
Leo, John, 1985, "Behavior: Battling over Masochism: Psychiatrists and Feminists Debate "Self-Defeating" Behavior," *Time*, 2 December 1985.
丸山徳次 2018「事件の哲学と応答倫理学――「事例研究」ではなく」『倫理学研究』vol.48
松本俊彦 2010「リストカッターの自殺」『精神科治療学』vol.25
――2011『アディクションとしての自傷――「故意に自分の健康を害する」行動の精神病理』星和書店
――2013「訳者まえがき」カンツィアン＆アルバニーズ著、松本俊彦訳『人はなぜ依存症になるのか――自己治療としてのアディクション』星和書店
――2014「自傷行為の理解と援助」『アディクションと家族』vol.30 (1)
――2019a「はじめに」マクミラン、スチュアート漫画、松本俊彦、小原圭司2019『本当の依存症の話をしよう――ラットパークと薬物戦争』星和書店
――2019b「薬物依存症は孤立の病――安心して「やめられない」と言える社会を目指して」、マクミラン、スチュアート漫画、松本俊彦、小原圭司監訳著『本当の依存症の話をしよう――ラットパークと薬物戦争』星和書店
松本俊彦・山口亜希子 2005a「嗜癖としての自傷行為」『精神療法』vol.31 (3)
――2005b「自傷行為の嗜癖性について――自記式質問票による自傷行為に関する調査」『精神科治療学』vol.20 (9)
松沢呉一 2019『マゾヒストたち――究極の変態 18 人の肖像』新潮社
McCracken, J. T., McGough, J., Shah, B., Cronin, P., Hong, D., Aman, M. G., et al., 2002, "Risperidone in Children with Autism and Serious Behavioral Problems," *The New England Journal of Medicine*, vol.347.
ミック・S 2018『アルコール依存症に負けずに生きる――経験者が語る病理の現実と回復への希望』ナカニシヤ出版

Mill, J. S., 1991/1859, "On Liberty," in John Gray ed., *On Liberty and Other Essays*, Oxford University Press.（関口正司訳 2020『自由論』岩波書店）

Mills, Linda G., 2008 *Violent Partners: A Breakthrough Plan for Ending the Cycle of Abuse*, Basic Books.

Mills, Linda G., Maley, Mary H. & Shy, Yael 2009 "Circulos de Paz and Promise of Peace: Restorative Justice Meets Intimate Violence," *New York University Review of Law and Social Change*, vol.33 (1).

Mills, Linda G., Barocas, Briana & Ariel, Barak 2013, "The Next Generation of Court-Mandated Domestic Violence Treatment: A Comparison Study of Batterer Intervention and Restorative Justice Programs," *Journal of Experimental Criminology*, vol.9 (1).

Mills, L. G., Barocas, B., Butters, R. P. & Ariel, B., 2019, "A Randomized Controlled Trial of Restorative Justice-Informed Treatment for Domestic Violence Crimes," *Nature Human Behaviour*, vol.3.

三橋順子 2022『歴史の中の多様な「性」――日本とアジア 変幻するセクシュアリティ』岩波書店

内閣府男女共同参画局 2020「令和2年度「配偶者暴力に係る加害者プログラムに関する調査研究」事業報告書」 https://www.gender.go.jp/policy/no_violence/e-vaw/chousa/haigusha.html（2022年11月26日取得）

――2021「男女間における暴力に関する調査（令和2年度調査）」 https://www.gender.go.jp/policy/no_violence/e-vaw/chousa/r02_boryoku_cyousa.html（2022年10月31日取得）

――2021b「配偶者暴力に係る加害者プログラムに関する調査研究事業事業報告書」https://www.gender.go.jp/policy/no_violence/e-vaw/chousa/haigusha.html（2022年3月7日取得）

中村英代 2011『摂食障害の語り――〈回復〉の臨床社会学』新曜社

南条あや 2004『卒業式まで死にません――女子高生南条あやの日記』新潮社

Nelson, K., Blythe, B. J., Walters, B., Pecora, P. J. & Schweitzer, D., 2009, *A Ten-Year Review of Family Preservation Research: Building the Evidence Base*, Casey Family Programs.

西澤哲 1994『子どもの虐待――子どもと家族への治療的アプローチ』誠信書房
Nixson, M. K., Cloutier, P. F.& Aggarwal, S., 2002, "Affect Regulation and Addictive Aspects of Repetitive Self-Injury in Hospitalized Adolescents," *Journal of the American Academy of Child and Adolescent Psychiatry*, vol.41 (11).
信田さよ子 2006「アディクション・アプローチと家族療法――権力という問題」『アディクションと家族』vol.22 (4)
――2009『苦しいけれど、離れられない――共依存・からめとる愛』朝日新聞出版
――2012「依存症をめぐる臨床第3回　アルコールグループ・断酒会・AA」『現代思想』vol.40 (11)
――2014『依存症臨床論――援助の現場から』青土社
――2022「DV加害者プログラムの実践経験から」『現代思想』vol.50 (9)
信田さよ子、上間陽子 2021『言葉を失ったあとで』筑摩書房
Nussbaum, Martha, 2000, *Women and Human Development*, Cambridge University Press.（池本幸生・田口さつき・坪井ひろみ訳 2005『女性と人間開発――潜在能力アプローチ』岩波書店）
奥田太郎 2019「（共依存し続ける）自由からの逃走？――小西真理子『共依存の倫理』へのコメント」『立命館生存学研究』vol.2
大嶋栄子 2019『生き延びるためのアディクション――嵐の後を生きる「彼女たち」へのソーシャルワーク』金剛出版
Pennell, J. & Burford, G. 2000, "Family Group Decision Making: Protecting Children and Women," *Child Welfare*, vol.79 (2).
Pennell, Joan & Francis, Stephanie, 2005, "Safety Conferencing: Toward a Coordinated and Inclusive Response to Safeguard Women and Children," *Violence Against Women*, vol. 11 (5): 666-92.
Pennell, Joan & Koss, Mary, 2011, "Feminist Perspectives on Family Rights: Social Work and Restorative Practices for Stopping Abuse of Women," Elizabeth Beck, Nancy Kropf P. & Pamela B. Lenard, eds., *Social Work and Restorative Justice: Skills for Dialogue, Peacemaking, and Reconciliation*, Oxford University Press.（林浩康監訳 2012,「家族の権利におけるフェミニストの視点――女

性への暴力を抑止する修復的実践」『ソーシャルワークと修復的正義――癒やしと回復をもたらす対話、調停、和解のための理論と実践』明石書店）

Peterson, c., Maier, S. & Seligman, M., 1993, *Iearned Helplessness: A Theory for Ageof Personal Control*, Oxford University Press.（津田彰監訳 2000『学習性無力感――パーソナル・コントロールの時代をひらく理論』二瓶社）

龍島秀広 2011「「暴力」の心理的メカニズム――DVについて――「DVのサイクル」、「学習性無力感」と「心理的支配」」『児童養護』vol.42 (3)

――2013「暴力と支配の心理学」『こころの科学』vol.172

斎藤学 1996『アダルト・チルドレンと家族――心のなかの子どもを癒す』学陽書房

坂上香 2022『プリズン・サークル』岩波書店

坂井はまな 2009「海外BDSM界における〈日本〉イメージ――快楽の活用とジェンダー」川村邦光編『セクシュアリティの事象と身体』臨川書店

Sangiacomo, Michael, 2009, "Kent State Prof Gertrude "Trudy" Steuernagel dies from beating injuries, son arrested," *The Plain Dealer*, February 7.　https://www.cleveland.com/metro/2009/02/kent_state_prof_gertrude_trudy.html（2022年3月7日取得）

Seligman, Martin E. P. 1975, *Helplessness: On Depression, Development, and Death*, W.H. Freeman and Company.（平井久・木村駿監訳 1985『うつ病の行動学――学習性絶望感とは何か』誠信書房）

Sen, Amartya, 1992, *Inequality Reexamined*, Harvard University Press.（池本幸生・野上裕生・佐藤仁訳 2018『不平等の再検討――潜在能力と自由』岩波書店）

Simplican, Stacy, 2015, "Care, Disability, and Violence: Theorizing Complex Dependency in Eva Kittay and Judith Butler," *Hypatia*, vol.30 (1).

Smith, B. E., Davis, Robert, Nickles, Laura B. & Davies, H.J., 2001, "Evaluation of Efforts to Implement No-Drop Policies: Two Central Values in Conflict, Final Report," American Bar Association Criminal Justice Section Funded by the National

Institute of Justice.
Snell, J. E, Rosenwald, R.J. & Robey, A., 1964, "The WifeBeater's Wife: A Study of Family Interaction," *Archives of General Psychiatry*, vol. 11 (2).
stein, david, 2000, "Safe Sane Consensual," http://www.leatherleadership.org/library/safesanestein.htm（2023年5月2日取得）
Steuernagel, Trudy, 2005, "Increases in Identified Cases of Autism Spectrum Disorders," *Journal of Disability Policy Studies*, vol.16 (3).
Stubbs, Julie, 2002, "Domestic Violence and Women's Safety: Feminist Challenges to Restorative Justice," Heather Strang & John Braithwaite eds., *Restorative Justice and Family Violence*, Cambridge University Press.
宿谷晃弘 2010「ドメスティック・バイオレンスにおける修復的司法プログラムの課題と展望」細井洋子・西村春夫・高橋則夫編『修復的正義の今日・明日――後期モダニティにおける新しい人間観の可能性』成文堂
玉手慎太郎 2018「解説『酸っぱい葡萄』の背景と射程」エルスター、ヤン著、玉手慎太郎訳『酸っぱい葡萄――合理性の転覆』勁草書房
田中伸司 1994「倫理学の原型――倫理学の形成過程」、宇都宮芳明・熊野純彦編『倫理学を学ぶ人のために』世界思想社
上間陽子 2017「家族をつくる――沖縄のふたつの女性の調査から」『現代思想』vol.45 (20)
Van Ness, D. W. 2002, "The Shape of Things to Come: A Framework for Thinking about a Restorative Justice System," In Weitekamp, E. G. M. & Kerner, H. J. eds. *Restorative Justice: Theoretical Foundations*, Willan Publishing.
Walker, Lenore E. 1979, *The Battered Woman*, Harper & Row.（斎藤学監訳 1997『バタードウーマン――虐待される妻たち』金剛出版）
Walsh, B. W. & Rosen, P. M., 1988, *Self-Mutilation: Theory, Research, and Treatment*, The Guilford Press.（松本俊彦・山口亜希子訳 2005『自傷行為――実証的研究と治療指針』金剛出版
Weisner, C.M. & Room R., 1984, "Financing and Ideology in Alcohol

Treatment" *Social Problems*, vol.32 (2).
Wulczyn, F., Barth, R. P., Yuan, Y-Y. T., Harden, Jones B. & Landsverk, J., 2005, *Beyond Common Sense: Child Welfare, Child Well-Being, and the Evidence of Policy Reform*, Publrshers Transaction.
山本咲子 2019「適応的選好形成を用いた女性非正規雇用者が示す生活満足度の分析——ケイパビリティ・アプローチをもとに」『経済社会とジェンダー』vol.4
Zehr, Howard, 1990, *Changing Lenses: A New Focus for Crime and Justice*, Herald Press.（西村春夫・細井洋子・高橋則夫監訳 2003『修復的司法とは何か——応報から関係修復へ』新泉社）
——2002, *The Little Book of Restorative Justice*, Good Books.（森田ゆり訳 2008『責任と癒し——修復的正義の実践ガイド』築地書館）

小西真理子 こにし・まりこ

一九八四年、岡山県生まれ。立命館大学大学院先端総合学術研究科修了。博士（学術）。現在、大阪大学大学院人文学研究科准教授。専門は臨床哲学、倫理学。著書に『共依存の倫理——必要とされることを渇望する人びと』（晃洋書房、二〇一七年）、共編著に『狂気な倫理——「愚か」で「不可解」で「無価値」とされる生の肯定』（晃洋書房、二〇二二年）、共著（分担執筆）に*Le Care: Éthique Féministe Actuelle*（Remue-Ménage, 2015）、共訳書にキャロル・ギリガン『抵抗への参加——フェミニストのケアの倫理』（晃洋書房、二〇二三年）がある。

筑摩選書 0268

歪《いびつ》な愛《あい》の倫理《りんり》
〈第三者《だいさんしゃ》〉は暴力関係《ぼうりょくかんけい》にどう応《おう》じるべきか

二〇二三年一一月一五日 初版第一刷発行

著　者　小《こ》西《にし》真《ま》理《り》子《こ》

発行者　喜入冬子

発行所　株式会社筑摩書房
東京都台東区蔵前二-五-三　郵便番号 一一一-八七五五
電話番号　〇三-五六八七-二六〇一（代表）

装幀者　神田昇和

印刷 製本　中央精版印刷株式会社

ISBN978-4-480-01787-1 C0312

筑摩選書
0208

「暮《くら》し」のファシズム
戦争は「新しい生活様式」の顔をしてやってきた

大塚英志

「ていねいな暮らし」を作り出した女文字のプロパガンダとは何か。パンケーキから二次創作まで、コロナとの戦いの銃後で鮮明に浮かび上がる日常の起源。

筑摩選書
0244

公衆衛生の倫理学
国家は健康にどこまで介入すべきか

玉手慎太郎

健康をめぐる社会のしくみは人々の自由をどう変えるのか。セン、ロールズ、ヌスバウムなどの議論を手掛かりに、現代社会に広がる倫理的な難問をじっくり考える。

筑摩選書
0251

戦後空間史
都市・建築・人間

戦後空間研究会 編

住宅、農地、震災、運動、行政、アジア…戦後の都市・近郊空間と社会を考える。執筆：青井哲人、市川紘司、内田祥士、中島直人、中谷礼仁、日埜直彦、松田法子

筑摩選書
0255

日本人無宗教説
その歴史から見えるもの

藤原聖子 編著

「日本人は無宗教だ」とする言説の明治以来の系譜をたどり、各時代の日本人のアイデンティティ意識の変遷を解明する。宗教意識を裏側から見る日本近現代宗教史。

筑摩選書
0266

世界中で言葉のかけらを
日本語教師の旅と記憶

山本冴里

「ぜんぶ英語でいいじゃない」という乱暴な意見に反論し、複言語能力の意義を訴える日本語教師が、世界各地での驚きの体験と記憶を綴る、言語をめぐる旅の記録。